CHRISTINE DOHLER
Das Paradies in mir

AF204415

GOLDMANN

Buch

Sophie funktioniert im Trott des Lebens und weiß nicht, wie sie der Spirale von zu viel Stress und zu wenig Freude entkommen soll. Sie arbeitet in einem Job, der sie nicht erfüllt, und muss noch verdauen, vom Partner verlassen worden zu sein. Ihr Impuls ist, einfach abzuhauen und irgendwohin zu reisen, an einen Traumort. Da flattert eine Mail in ihr Postfach, die sie auf eine magische Reise einlädt. Ihr Verstand fürchtet sich, aber ihr Herz ruft laut: Machen! Und so beginnt für Sophie eine abenteuerliche Reise in zwölf Tagen und Nächten durch ihre innere Welt mit vielen bizarren Begegnungen und tiefen Erkenntnissen und aufregenden Höhen und Tiefen.

Autorin

Christine Dohler hat auf der ganzen Welt nach dem Gefühl gesucht, irgendwo anzukommen. Bis ihre Reise in die inneren Welten startete und sie erkannte: Der Weg für ein erfülltes Leben startet in dir. Ihre Erfahrungen und ihr Wissen als systemischer Coach und Meditationslehrerin fließen in ihre Bücher ein. Die Autorin hat Journalistik und Kommunikationswissenschaft an der Universität Hamburg studiert und wurde an der Henri-Nannen-Journalistenschule ausgebildet. Sie ist außerdem Redaktionsleiterin der Emotion Slow.

www.christinedohler.de
Instagram: @christinedohler

CHRISTINE DOHLER

DAS PARADIES IN MIR

EINE MAGISCHE LEBENSREISE

GOLDMANN

Penguin Random House Verlagsgruppe FSC® N001967

1. Auflage
Originalausgabe September 2024
Copyright © 2024: Wilhelm Goldmann Verlag, München,
in der Penguin Random House Verlagsgruppe GmbH,
Neumarkter Str. 28, 81673 München
Umschlag: Uno Werbeagentur, München
Umschlagmotiv: Kristian Kutschera
Illustrationen: Kristian Kutschera
Redaktion: Andrea Kalbe
Satz: Satzwerk Huber, Germering
Druck und Bindung: GGP Media GmbH, Pößneck
Printed in Germany
LG · CB
ISBN 978-3-442-22393-0

www.goldmann-verlag.de

»Sei die Sonne in deinem Leben«

Inhalt

1.

Der Anfang vom Ende

Der Morgen ließ nicht erahnen, was heute passieren würde. Als ich in meinem warm-fluffigen Bett aufwachte, spürte ich wieder diese lähmende Schwere in allen Gliedern, die seit Wochen meine ungebetene Begleiterin war. Dieser Reflex, am liebsten an Ort und Stelle liegen zu bleiben. Einfach so. Aufgabe! K. o.! Das erschien mir die einzige Alternative in diesem Kampf. Besser als den ganzen Tag wieder aufzuspulen, alles erneut beginnen zu lassen und mich und meinen Körper durch den Tag zu schleppen: Zähneputzen, duschen, sich mit einem viel zu starken Kaffee anschalten, um dann in die Flut von Nachrichten und To-dos einzutauchen – und dem Ertrinken nur knapp zu entgehen.

Am Ende des Tages hatte ich stets das Gefühl, niemandem gerecht geworden zu sein, wieder nicht alles geschafft und kaum Zeit für Bewegung, Me-Time oder Quality-Time mit Freundinnen gehabt zu haben. Dann lag ich auf dem Sofa und das Einzige, was ich noch hinbekam, war die Auswahl der nächsten Netflix-Serie.

Wofür war das alles noch einmal gut? Es kostete mich immense Kraft, meinen Kopf gerade so weit über Wasser zu hal-

ten, dass ich atmen konnte. Wie und vor allem wie lange sollte das noch so weitergehen? Und vor allem, wo blieb ich mit meinen Wünschen und Bedürfnissen dabei?

Nach monatelangem Dauerarbeiten und Unter-Druck-Stehen war alles, was ich noch fühlte, diese Last und das hilflose Zusteuern auf den Moment, an dem gar nichts mehr gehen würde.

Manchmal lag ich tagsüber in Fötushaltung auf meinem Teppichboden, und wenn es ganz schlimm war, schlugen Ängste wie kleine Blitze bei mir ein. Dann wusste ich nicht, wen ich um 12.34 Uhr anrufen konnte, ohne etwas sagen zu müssen. Und wo ich Unterstützung bekam. Denn meine größte Angst war, eine Diagnose zu kassieren.

Meine Freude und der Spaß im Leben hatten sich schon lange verzogen, weil ich keine Zeit mehr für Freizeit, geschweige denn für Dates hatte. Obwohl, Letzteres hatte andere Gründe: meine letzte Beziehung mit meinem Ex-Freund Jan, die mir immer noch wie Gift in den Knochen steckte, weil sie mies endete, mit Betrug.

Vielleicht hatte in dem Moment die Abwärtsspirale angefangen. Nicht mit der Trennung, sondern in dem Moment, in dem ich in einer Beziehung feststeckte, in der ich mich eigentlich nicht wohlfühlte. Ich fühlte mich eingeengt und konnte doch nicht ausbrechen. Ich hatte Angst vor der Einsamkeit. Dieses Eingeständnis war das Schwerste: Ich war gefangen in einem Leben, das von außen betrachtet gut aussah, weil ich zum Arzt nur zur Vorsorge ging, meine Arbeit unbefristet war und ich mir eine Wohnung gekauft hatte. Meine Freundinnen sagten mir oft: »Hast du es gut. Du bist frei.« Paradiesisch. Oder scheinparadiesisch?

Kürzlich hatte ich eine Serie auf Netflix gesehen, die *Alone* hieß. Da wurden Menschen allein in der Wildnis ausgesetzt und mussten überleben. Wer nicht mehr konnte, drückte einen Knopf und wurde ohne Rückfragen innerhalb weniger Stunden von einem Hubschrauber, Boot oder Jeep herausgeholt. Ich wusste nicht, wie und wo ich Hilfe für den Ausweg finden konnte. Ich schaute mir selbst dabei zu, wie ich (mich) verlor, und konnte mich selbst nicht retten. Dabei war einst alles gut für mich. Oder nicht? Jedenfalls dachte ich das immer, weil ich so wenig Angriffsfläche bot, indem ich mich unsichtbar verhielt. Wie das aussah? Ich ignorierte meine Bedürfnisse und nickte zu viel.

Ich sagte JA zu immer mehr Aufgaben aus dem Büro, obwohl ich schon gefühlt die meiste Verantwortung trug und es in mir jedes Mal laut NEIN schrie. Dabei wusste ich doch: Ein angemessenes Nein wäre ein Ja für mich. Alles, was ich mir vorgenommen hatte: mehr Zeit für mich, weniger Arschlöcher im Leben und mehr von dem, was mich glücklich machte. Diese Ausrichtung blieb nicht vergessen. Aber irgendwie hatte ich keine Kraft, etwas zu verändern. So hatte ich viel zu viel Ärger und fühlte viel zu wenig Wut.

Während ich diese Gedanken in mir wälzte, klingelte das Telefon. Meine Hausverwaltung kündigte Bauarbeiten an. Es trudelten Nachrichten über WhatsApp ein, mit Bitten, die so starteten: »Du, kannst du bitte ...?«, »Was ich dich fragen wollte ...« Ich antwortete prompt. Hach, ich war einfach immer noch zu nett, obwohl ich Grenzen gezogen hatte. Eine hieß: Ich bin nicht ständig erreichbar.

Auf Instagram sah ich nebenbei frisch aussehende Menschen, die ihr bestes Leben im Paradies lebten. Eine zehn Jahre jüngere Frau als ich saß mit dem Laptop zwischen Palmen, arbeitete mit einer Superfood-Bowl in der Hand und ihrem Yogakörper auf dem Stuhl. Mit Mitte zwanzig schon Millionärin? Natürlich wusste ich, dass es so echt wie Hollywood war. Das ewige Vergleichen hatte ich eigentlich schon abgelegt. Aber was, wenn nur ein Körnchen Wahrheit an dem Bild war? Dann hatte eine von uns beiden alles richtig und die andere viel falsch gemacht.

Ich klappte meinen Laptop auf meinem kleinen Schreibtisch voller Papierbelege für einen Moment zu und schaute auf das Post-it, das ich an die Wand in meinem Blickfeld gepinnt hatte. Da stand: »Ich lebe ein glückliches Leben.« Ich hatte gelesen, dass man sich in jedem Augenblick so fühlen sollte, wie man sich fühlen möchte. Dabei helfen könnten positive Affirmationen – also Sätze, die so tun, als sei alles gut. Aber auch das erschien mir gerade so ungreifbar fern. So, als würde ich mir etwas vormachen oder mir selbst noch mehr Druck erzeugen.

Ich nahm drei tiefe Atemzüge wie vor der Yogastunde, wobei der letzte ziemlich genervt und trotzig herausknallte, und klappte dann den Laptop wieder auf, weil die Arbeit wartete. Mit einem Oh-nein-Gefühl öffnete ich mein Mailpostfach und fürchtete, dass wieder alle etwas von mir wollten. Ich musste unpassend lachen, weil einfach alles so ironisch war – so nervig, dieser Robotermodus, in den ich da geschaltet und wofür ich das Menschsein vernachlässigt hatte.

Doch da, war es Zufall oder Schicksal, erblickte ich ausgerechnet heute ein überraschend verlockendes Angebot zwi-

schen den ganzen Mails und spürte, wie ein Funken altbekannter Abenteuerlust und Neugier in mir entflammte. Im Mailbetreff stand: »Sophie, bist du bereit für deine magische Reise?«

Konkrete Vorschläge gefielen mir in meinem orientierungslosen Überlebensmodus, den ich nicht von mir kannte. Ich erinnerte mich an eine fröhlichere und gelassenere Version von mir. Da fiel mir gleich die Sophie auf Reisen ein. Die alles mit Leichtigkeit nahm, sich keine Gedanken darüber machte, was als Nächstes kam, sondern sich durch fremde Gassen treiben ließ und auf neue Geschmäcker wie *Pastéis de Nata* kam.

Ich sah es schon vor mir, ein Versprechen in Puderzuckerweiß und Türkis. Direkt durchfloss mich diese Leichtigkeit, ich sah mich schwerelos schnorcheln und mit einem Kaffee in der Hand vom Strand aufs Meer schauen. Das hatte ich mir verdient, und allein die Vorstellung, endlich einen Weg gefunden zu haben, für mich da zu sein, wenn es gerade niemand anderes war, fühlte sich entlastend an.

Ich schaukelte mich selbst in der Hängematte. Am Eingang zu meiner Traumvilla sah ich ein Schild: »No shoes, no news.« Wow. Mein Smartphone lag im Safe, und ich musste mich um gar nichts kümmern, denn mein frisch geschnittenes Obst, mein Spa-Termin und mein Segeltrip waren immer nur einen Anruf bei der Rezeption entfernt. Mich überkam ein selbstermächtigendes Gefühl von: »Das gönne ich mir jetzt einfach!« Schließlich war ich Single – es konnte auch von Vorteil sein, noch in den Scherben der alten Träume zu stehen. Da würde ich nun rausgehen und wieder barfuß laufen. Und

meinen Job konnte auch ein richtiger Roboter übernehmen, denn in meinem Unternehmen war nichts anderes gefragt, als den Mund zu halten, zu liefern, nie krank oder unbequem zu sein. Einfach nur Marketingtexte schreiben, für Produkte, die kein Mensch braucht, aber die alle brauchen sollten. Mit jedem Wort verriet ich mich selbst. Das wusste ich längst. Und doch tippte ich weiter gegen meinen wichtigsten Wert Wahrhaftigkeit an.

Doch da meldeten sich auch alle Zweifel in mir: Wie schlecht musste es um mich stehen, wenn ich schon auf Spam und Phishing-Mails reagierte? Ein Angebot, das ein Flop war? Ich redete mir ein: Lieber alles im Gewohnten lassen, es ist doch alles gar nicht so schlimm, und vielleicht ändert sich ja etwas, wenn ich in Hamburg bleibe. Irgendwann ist wieder Sommer, und hey, dann wird es automatisch leichter. Und allein reisen? Come on! Möchtest du allein mit deiner Pasta im Restaurant sitzen, während das Paar im Honeymoon unauffällig mitleidig rüberschaut?

Ich ignorierte die Nachricht und machte weiter mit den Routinen, die mir letztlich Halt gaben. Bis ich eine Nachricht von meinem Chef bekam, die mich anschrie. Eine lange Mail mit Kritik an meinen Texten für einen Kunden aus der Kosmetikbranche. Nee! Ich legte den Kopf auf den Schreibtisch. Meine Ideen waren super, mein Chef hatte einen schlechten Tag. Aber er war der Chef. Das konnte es nicht gewesen sein mit meinem Leben! Ich musste etwas ändern, damit sich etwas änderte.

Ich wackelte auf meinem wenig rückenfreundlichen, aber schicken Designerstuhl hin und her. Ich trank meinen selbst

gemahlenen Kaffee aus der Rösterei um die Ecke und schob mir den zweiten Schokotoast rein – ich schluckte, vielleicht würde dies alle Gefühle unten halten. Vor allem meinen Verlust, der sich nun wieder zusätzlich meldete. Dieser zähe Schmerz, dieses ekelhafte Gefühl, dass sich da jemand bewusst gegen mich entschieden und ein riesiges Loch voller Leere hinterlassen hatte. Wie sollte ich das nur stopfen?

Mit dem befriedigenden Gefühl, den cholerischen Chef zu hintergehen und anstatt zu arbeiten, eine magische Reise zu buchen, klickte ich auf die ominöse Nachricht in meinem Postfach, als würde ich einen Funken Hoffnung fangen wollen. Dann wurde ich eben noch ein weiteres Mal betrogen! Ich kannte diese durchgeknallte Art schon von mir. Sie kam immer durch, wenn ich schon fast am Boden lag. Ich erinnerte mich, wie ich nach einem Streit mit meinem Ex-Freund, der das Ende markierte, in ein Taxi stieg und dann die Nacht mit dem Fahrer durchmachte. Immer wenn meine Sicherungen durchbrannten, brannte ich im Leben durch und machte etwas Gedankenloses. Bereut hatte ich es nie.

Die Reise deines Lebens hieß das Unternehmen. Auf der Website glitzerte und funkelte es überall in goldenen Wörtern. Ich fragte mich gleich wieder: Okay, ist das seriös? Oder ist das Paradies vielleicht golden? Ich war kurz davor, die Seite wieder zu verlassen, da ich keine Lust auf einen Fake Account hatte. Doch gleichzeitig war ich fest entschlossen, den Zeichen, die mir das Leben sendete, zu folgen. Das hatte ich kürzlich in einem Buch gelesen: Wenn man wollte, dass sich im Leben etwas änderte, sollte man auch etwas anders machen. Und dem folgen, was einem überraschend, aber genau zum

passenden Zeitpunkt begegnete. Es klingt vielleicht naiv, aber Gold war meine neue Lieblingsfarbe. Ich hatte mir sogar ein Kleid in Gold gekauft, als Zeichen für meinen Neubeginn, der aber bisher nicht gestartet war. Also vertraute ich grundlos mehr als sonst und gab mir einen Ruck, vorzufühlen.

Da man telefonisch sowieso niemanden mehr erreichte, ließ ich mich auf einen Chat mit irgendeiner künstlichen Intelligenz ein. Immerhin waren die auf Freundlichkeit programmiert.

»Hallo, ich möchte so schnell wie möglich los … an einen magischen Ort!«, schrieb ich, um klarzustellen, dass ich eine einfache Kundin war und gleich zur Buchung geschickt werden konnte. Zack, zack, schnell, schnell, so tickte ich. Da schrieb jemand – viel zu langsam für mich. Ich brauchte keine Überredung, kein Angebot, ich brauchte nur superschnell etwas ohne Stornierungsoption, damit die Zweifel und die Angst in mir nicht lauter wurden. Ich musste schneller handeln als alle anderen Stimmen in mir, die mich wieder überzeugen würden: Bleib da, wo du bist. Du kannst nicht einfach so etwas Leichtsinniges tun. Kein Grund zu jammern. Alle haben narzisstische Chefs. Es geht dir doch sonst gut. Du hast eine schöne Wohnung in Hamburg, einen festen Job, einen großen Freundeskreis, du bist gesund und sowieso hast du keinen Grund zu klagen.

»Sicher?«, ploppte es da auf. Ich schnappte nach Luft. Was war das denn für ein Bot?

»Ja, ich bin sicher. Ich möchte an einen Traumort«, schrieb ich, gewohnt auf den Punkt.

»Liebe Sophie, ich richte mich nach deinen Wünschen. Aber eins möchte ich wissen: Wovor läufst du davon?«, fragte

mich da dieser Jemand im Chat. Wow, das war direkt! Ich bekam das Gefühl, es nicht mit einem Roboter zu tun zu haben. Denn auch wenn die Frage frech erschien, steckte darin ein Funken Gefühl. Ich versuchte, Worte zu finden und gegen diese Frage anzutippen. Doch eigentlich kämpfte ich gegen die Tränen, die nun in mir hochkrochen wie eine unvermeidliche Regenfront. Ich fühlte mich erwischt und entlarvt. Und bei einem Fluchtversuch wollte niemand ertappt werden.

Ich schrieb mit all dieser angestauten Wut und mochte mich dabei selbst nicht, denn meine Idealversion von mir war ein freundliches Ich: »Ich glaube, das geht dich nichts an. Wer bist du überhaupt?«

»Entschuldige, ich habe mich noch gar nicht vorgestellt. Ich bin Nic, deine persönliche Reisebegleitung.«

»Ich brauche keinen Guide, nur eine Tour.« Das war ein Reflex, den ich auf meinen vielen Reisen gelernt hatte. Sofort abwimmeln. Sich bloß keinen Guide aufschwatzen lassen. Außerdem wollte ich es allein schaffen, allein machen.

»Ich unterstütze dich aber sehr gern.«

Ich horchte auf und wurde innerlich milder. Diesen Satz hatte ich schon ewig nicht mehr gehört. Obwohl ich so viele Freundschaften und Familie hatte, fehlte es mir doch oft bei kleinen Alltagsdingen an Unterstützung. Diese ganzen Mikroentscheidungen: Brauche ich diese oder jene Versicherung? Wie sorge ich vor? Zu welcher Ärztin gehe ich? Soll ich vegan essen oder lieber nicht? Ich wünschte mir jemanden an meiner Seite, der die schwierigen Gespräche für mich führte und sich sofort darum kümmerte, wenn das WLAN ausfiel und ich im Homeoffice nicht arbeiten konnte. Ich wünschte mir

manchmal, dass mir jemand nur eine Aufgabe auf der To-do-Liste abnehmen würde.

»Wobei möchtest du mich unterstützen?«, fragte ich unsicher in den Chat.

»Bei der Reise zu dir selbst.«

Ich atmete ein und aus, mir wurde heiß. Ich spürte das leichte Kribbeln, diese Minifreude und die leise Angst in mir. Welche Tür hatte ich da geöffnet? Ich checkte die Seite, suchte nach dem Impressum. Wie seriös war das? Oder war ich aus Versehen bei einem dieser marketingschlauen Selfhelp-Coaches gelandet? Es erschien normal. Auf der Seite wurden Reisen verkauft, alles gut bewertet.

»Okay, welche Tour empfiehlst du mir?«, schrieb ich, um sein Angebot zu testen. Nun waren wir immerhin im Gespräch und mir gefiel die Klarheit am anderen Ende der Leitung.

»Du hast die Wahl zwischen drei Touren.«

»Aha! Ja!«

»Du kannst die Spaßtour buchen.«

»Ja, das war der Plan.«

»Wenn du zurückkommst, wird sich jedoch nichts in deinem Leben verändert haben. Du nimmst deine Gedankenwelt immer mit, egal, wohin du gehst.«

Das war ein wahrer Punkt. Aber: »Das bedeutet, dass ich lieber nicht verreisen sollte und hier in Hamburg, im November-Schietwetter, bleibe?«

»Jein. Wenn du dich entscheidest, da zu bleiben, wo du bist, wäre das die harte Tour. Du könntest weiter durch den Alltag schippern und dich selbst ignorieren oder bemitlei-

den. Dann würdest du aber die Opferrolle im Verdrängungsmodus wählen.«

Ich war kurz davor, den Chat zu ghosten, denn das wurde mir nun doch zu persönlich. Ich mochte es nicht, mich durchschaut zu fühlen. Doch ich war zu gespannt auf die letzte Option.

»Oder du buchst die magische Tour.«

Da hatte er mich, fast. In mir keimte Hoffnung. Das klang nach einem Versprechen, das nicht von dieser Welt war, und schien mir eine Rettung zu sein.

»Die magische Tour?«

»Ja.«

»Will die nicht jede und jeder buchen? Wo geht es da denn hin?« Meine Zweifel waren immer als Erstes da.

»Nicht alle sind mutig genug, um diesen Trip zu buchen«, schrieb Nic, und ich war überrascht, denn schließlich war Magie doch ein Zauberwort und grundsympathisch, vielleicht nur etwas zu oft angewendet worden und deshalb eher zu einem leeren Versprechen verkommen.

»Das wundert mich. Warum? Wünscht sich nicht jeder aus seinem Leben weg und möchte alles zauberhaft machen?«

»Weil die Reise ein One-Way-Ticket ist. Einmal begonnen, gibt es kein Zurück mehr.«

Ich lachte laut auf und schickte ein Lach-Emoji. Dieser Nic hatte Humor.

»Das meine ich ernst. Es gibt keine Rückkehr«, tippte er da. »Bei dieser Tour weißt du nicht, was auf dich zukommt. Aber du hast die Chance, dir selbst zu begegnen. In der Tiefe. Du hast die Chance auf ein Leben, das wirklich zu dir passt.«

Ich saß still da, mit pochendem Puls. Denn auch wenn mein Verstand mich auslachte, fühlte es sich für mich in meinem Herzen so an, als wäre dies ein bedeutender Moment. Der Moment, in dem ich mich für mich entscheiden könnte. Das hatte ich noch nie. Ich wollte davor schon oft auf diesen Trip gehen, aber ich wusste nie, wie ich für mich einstehen könnte. Ich saß an einem scheinbar normalen Montagnachmittag an meinem Schreibtisch mit Blick auf den nächsten Wohnblock, doch gefühlt stand ich mit meinem letzten bisschen Willenskraft und Mut wie gelähmt an einer Weggabelung. Ein Häufchen Elend. Ich spürte die Angst in meiner Brust, die Zweifel in meinem grummelnden Magen und das Rattern meines Verstandes in meinem Kopf. Doch nach einer Weile, als ich still wurde, mich traute, hörte ich auch eine ganz leise, sanfte Stimme, der ich, sobald sie sprach, grundlos vertraute. Es war mein Herz, das gefühlt nach einer Ewigkeit in der Dunkelheit kurz sein Licht anknipste und mir klar zuflüsterte: »Einfach machen! Wenn nicht jetzt, wann dann?«

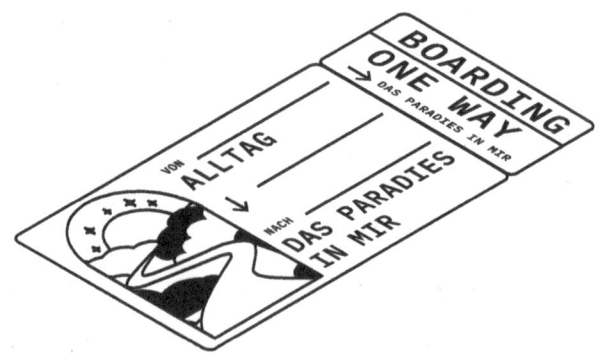

2.

Der letzte Moment im alten Leben

Als ich am nächsten Morgen aufwachte, grüßte nicht das Murmeltier, sondern nur der Marder unter meinem Dach, der hyperaktiv herumrannte und nagte. Ich entschied, mich darüber nicht zu ärgern. Und erst recht kein schlechtes Gewissen zu haben, dass mir nicht nach Rennen im Hamsterrad war. Ich blieb bewusst etwas länger im Bett liegen als sonst und plante nicht den Tag durch, damit ich besonders effizient performen konnte. Etwas fühlte sich anders an und ich wusste zuerst nicht, warum.

Dann erinnerte ich mich, dass ich nun zwölf kostbare Tage Urlaub und eine Reise gebucht hatte. Die magische Tour. Oder war es nur ein Traum? Ein Betrüger aus dem Internet? Ich schüttelte mich, kniff mich und eilte noch in meinem Nachthemd, ohne den ersten Kaffee, zu meinem Laptop, um meine Nachrichten zu checken. Da fand ich es schwarz auf weiß: die Buchungsbestätigung für meine magische Tour. Ich entdeckte im Anhang auch die Rechnung, auf der tatsächlich stand: »mit Geld unbezahlbar«. Und: »Den Preis, den du zahlst: Vertrauen und das Loslassen deines alten Ichs mit den immer gleichen Gedanken und Geschichten.«

Noch immer dachte ich darüber nach: Warum fiel es mir so schwer, wieder Land zu gewinnen, meine gescheiterte Beziehung loszulassen, obwohl mich nur noch Traurigkeit belastete und ich die Wut gar nicht weiter mitschleppen wollte? Doch ich merkte, dass ich den Preis in Form von Vertrauen nicht sofort bezahlen konnte. Das alles gehörte zu mir, meine Vergangenheit, meine Geschichten … was wäre, wenn es nicht mehr existierte? Vor allem: Wer wäre ich als Mensch? Die Leere machte mir mehr Angst als das Gewohnte. Denn dies kannte ich immerhin.

Zumindest war bereits ein wenig Vertrauen zurückgekommen, das ich nun investieren konnte. Ich dachte schon, dass ich das Grundvertrauen ins Leben für immer verloren hätte, weil gerade alles so lief, wie ich es nicht wollte, und das Leben, das ich führte, mich nicht erfüllte. Wo war die Freude? Die Liebe? Die Leichtigkeit, die mir so gut stand wie mein rot getupftes Sommerkleid?

Ich spürte noch immer diesen Moment, als ich den Boden unter den Füßen verlor und erfuhr, dass der Mann, mit dem ich fünf Jahre zusammengelebt hatte, das letzte Jahr davon mehr Zeit mit seiner neuen Freundin verbrachte als mit mir. Ein ganzes Jahr, in dem ich ahnungslos Geburtstage mit ihm feierte und sonntags ein Schaumbad genoss!

Ich fühlte mich bestohlen, beschmutzt, verraten, erniedrigt, hilflos … und ich wusste nicht, wohin ich damit gehen sollte, weil die Scham so groß war, dass ich mein Inneres hinter einer Wand versteckte. Vor der Wand spielte eine Version von mir die starke Frau und ich hörte mich selbst Sätze zu anderen sagen wie: »Ach, wird schon wieder. So froh, dass ich

den Typen los bin.« Aber eigentlich vermisste ich den Typen. Was war falsch mit mir? Eine Freundin hätte ich gefragt: »Wie kannst du einen Betrüger vermissen? Lass los!«

Eine neue Mail riss mich aus meinen Gedanken. Ich war so gespannt, wohin die Reise gehen sollte. Vielleicht an einen besonders magischen Ort? Ich fühlte mich, als hätte ich mich auf eine Schnitzeljagd eingelassen, denn bei der Buchungsbestätigung hieß es: »Folge einfach den Hinweisen.«

Ich merkte, dass das Spielerische etwas in mir triggerte. Oder jemanden in mir glücklich machte. Jemand Jüngeren als ich. Das entspannte mich endlich. Ich fühlte mich frech wie mit fünf Jahren und kicherte. Damals hatte ich das Gefühl, ich hätte alle Möglichkeiten und jeder Tag startete für mich wie ein weißes Blatt Papier. Ich dachte nie an die Zukunft, an das Ungewisse und Unbekannte. Heute machte es mir Angst. Dennoch wagte ich nun, dort hineinzuspringen, um etwas zu verändern.

Ich klickte auf die Mail und empfing die »magische Packliste« und die AGB der Reise, die ich unterschreiben sollte.

Die magische Packliste

Du reist nur mit leichtem Gepäck! Bitte lass alle schweren Koffer und Rucsäcke stehen, die überquellen von alten Geschichten, die du dir über dich erzählst. Entscheide dich heute ganz bewusst dazu. Es liegt in deiner Hand. Alle Lasten und Belastungen. Entscheide dich jetzt, dieses Gepäck

nie wieder anzurühren und aufzumachen. Auf unserer Reise schützt dich das Vertrauen. Du wirst neue Geschichten schreiben. Was du stattdessen mitnehmen solltest: Alle deine Herzenswünsche. Was ist dir wichtig? Fühle es in dir!

Ich hatte Fragen. Wie ging das, ohne Gepäck zu reisen? Ich trug auf jeder Reise immer den schwersten Koffer von allen und hatte noch nie verstanden, wie man auch nur ein Wochenende mit Handgepäck verreisen konnte. Zeigte sich da in meinem Leben etwa, dass ich mich schwer lösen konnte? Oder nicht entscheiden? Oder auf das Wesentliche konzentrieren?

Ich wollte planen, mich vorbereiten, bereit sein. Doch ich erinnerte mich daran, dass diese Reise magisch war. Nic hatte mir gesagt, dass sie mich nicht weit weg führte, sondern näher heran – an mich.

Ich hatte schon oft davon gehört und gelesen, wie wertvoll es sei, sich selbst zu lieben. Es stand wirklich in so vielen Zeitschriften, auf Werbeplakaten und in Büchern. Doch da wurde nie genau beschrieben, wie das konkret und nachhaltig gehen sollte. Mit einer nach Rose duftenden Bodylotion und einem Date im Café um die Ecke mit mir selbst war es vermutlich nicht getan. Was wäre, wenn es für jeden einen eigenen Weg gäbe?

Ich hoffte wirklich, Antworten zu finden. Vielleicht war es naiv, einfach diese nicht greifbare magische Tour zu buchen. Aber wenn das der Schritt wäre, der endlich etwas änderte? Ich hatte es satt zu warten, bis das Leben endlich begann. Mein

Leben. Nicht das, was andere für mich gut fanden. Meine Eltern: Lehrerin sein, verbeamtet, Ehemann, drei Kinder, Einfamilienhaus. Bei dem Gedanken bekam ich Schnappatmung, weil das Modell doch bei ihnen auch nicht funktioniert hatte. Sie verteidigten es aber dennoch, weil sie sich sonst hinterfragen müssten. Sie versuchten, mich dort einzusortieren, damit ich sie bestätigte. Diese Sucht nach vermeintlicher Sicherheit, diese Starre, ließ am Ende alles zerbrechen und wir waren eine getrennte Familie. Mit Wunden, die nicht verarztet wurden. Weil auch das nicht reflektiert wurde, sondern zerrissene Fotos das Ende besiegelten.

Ich war bereit, vieles auf mich zu nehmen, damit mein Leben anders verlief, und Kinder wollte ich erst bekommen, wenn ich das Gefühl hatte, ich sei mit mir im Reinen. Ich wollte nicht, dass sie eine Lücke für mich füllen oder dass ich meine schlechten Erfahrungen unwissend an sie weitergebe.

Was ich stattdessen unterschreiben sollte, erschien mir für den ersten Schritt sehr positiv, aber doch wie eine gewaltige neue Sache.

Die AGB

- Ich bin entschlossen, mein Leben in meine Hand zu nehmen und dabei auf die Stimme meines Herzens zu hören. Mein Herz ist mein Kompass. Ich treffe alle Entscheidungen aus dieser Verbindung heraus.

- Ich erlaube mir, vollkommen glücklich zu sein.
- Ich vertraue.

Unterschrift

Ich zitterte bei der digitalen Unterschrift, denn ich wusste, dass ich etwas signierte, was ich vielleicht nicht einhalten konnte. Auf das eigene Herz hören. Vertrauen. Sich das alles mit Leichtigkeit zu erlauben. Leicht gesagt. So leicht. Aber wie getan? In der Schule hatte ich das nicht gelernt. Vorbilder hatte ich nicht. Wer konnte mir helfen?

Nic! Ich öffnete den Browser und klickte auf den Chat. Ich hoffte, dass meine Reisebegleitung da war.

»Hallo, Nic, bist du schon wach?« Ich wartete eine Minute, dann erschienen diese wunderbaren drei wackelnden Punkte, die einem anzeigen, dass jemand online ist und etwas an einen schreibt.

»Guten Morgen, liebe Sophie. Hast du gut geschlafen? Wie geht es dir heute?«

»Ich bin aufgeregt und würde gern wissen, wie ich mein Herz noch mehr hören kann. Also, das ist mein Kompass, richtig?«

»Ich freue mich, dass du das fragst. Danke! Um dich selbst zu hören, brauchst du Stille. Um dich herum und in deinem Geist. Lass alle deine Gedanken wie Wolken am Himmel vorbeiziehen. Und dann höre einfach zu. Die innere Bereitschaft ist der Schlüssel.«

»Woran erkenne ich, dass da niemand anderes dazwischenquatscht und mich auf eine falsche Spur lockt? Weißt du, ich bin so oft auf einen Irrweg abgebogen … ich glaube, ich bin verunsichert.«

»Was war so ein Irrweg? Wo bist du da hingelaufen?«

Ich hielt einen Moment inne und wusste nicht, ob ich Nic nun gleich mit meinen Männergeschichten kommen sollte. Meine Freundinnen hörten auch nur noch aus Liebe zu mir zu. Doch es war einfach das beste Beispiel: »Ich bin so oft in die Arme eines falschen Mannes gelaufen.«

»Falsch?«

»Ja, nicht richtig für mich.«

»Bist du sicher, dass er nicht richtig für dich war?«

»Natürlich. Mein ganzes Leben habe ich mich nur in Männer verliebt, die sich nicht wirklich auf mich einlassen konnten. Emotional, meine ich. Sie waren da und auch nicht. Und dann waren sie irgendwann ganz weg. Und spukten noch in meinem Kopf, wie Geister. Ich aber habe alles gegeben, vor allem mein Herz. Wie kann es sein, dass ein Beziehungsmensch wie ich sich immer wieder auf Männer einlässt, die das Gegenteil verkörpern? Völlig blind, obwohl ich sonst so viel in anderen Menschen sehe?«

»Das bist nicht du. Das ist ein altes Programm in dir, das du überschreiben kannst.«

»Wie mache ich das?«

»Indem du lernst, dich wahrhaft selbst zu lieben. Ja, du bist ein Beziehungsmensch, aber die wichtigste Beziehung übersiehst du: die mit dir. Sie ist die Basis.«

Ich nahm die Hände von der Tastatur und spürte ein Ziehen in meinem Herzen. Wenn das wahr sein sollte, machte mich das traurig. Mit niemandem verbrachte ich so viel Zeit

wie mit mir. Wie konnte es sein, dass da keine Verbindung bestand?

Nic schrieb. Ich las seine Worte: »Diese Männer haben eine ziemlich miese Rolle für dich gespielt. Du hast dich verletzt gefühlt. Aber eigentlich waren sie Wegweiser, die dir den Weg zu dir und deinem Herzen gezeigt haben.«

Was? So hatte ich das noch nicht gesehen. Er schrieb weiter.

»Sie haben dich fühlen lassen. Und jeder Herzschmerz hat dein Herz zwar gebrochen, aber auch weiter geöffnet und dich immer wieder auf dich selbst zurückgeworfen. Sei ihnen dankbar!«

»What? Nic, auf welcher Seite bist du?«

»Auf deiner.«

»Du lässt die Herzensbrecher aber zu gut dastehen.«

»Wir werden noch einmal darüber sprechen. Bis dahin gebe ich dir eine Aufgabe. Ich weiß ja, dass du gern schreibst. Deswegen bitte ich dich nun, Stift und Papier zu holen. Und dann höre zu. Höre so lange, bis du das Gefühl hast, dass dein Herz zu dir spricht. Frage es, was es dir mit auf diesen Weg, auf die Reise geben möchte. Was ist deine Richtung? Schreibe das Manifest deines Herzens.«

»Wow, das klingt groß.«

»Das ist es auch. Viel Freude dabei, liebe Sophie.« Nic hat den Chat verlassen, stand da.

Nun hockte ich da, mit dieser Aufgabe. Vermutlich war es gut, dass ich überhaupt nicht wusste, was ich schreiben sollte. Denn so war ich darauf angewiesen, was mein Herz mir sagen wollte. Ich schloss meine Augen und es wurde laut. Mein Kopf summte und sirrte, voller Gedanken. So viele Bil-

der zeigten sich: Der Mann, der mich nach drei Dates einfach geghostet hatte, der Mann, der mir nach zahllosen Flirts sagte: »Lass uns doch Freunde sein.« Der Mann, der zwei Jahre lang auf meiner Couch lebte, alles mit mir teilte und dann sagte: »Also, wir sind kein Paar, damit du das nicht denkst.« Dann der Mann, der nach einmal Sex einfach gegangen war, ohne ein Wort zu sagen. Zum Schluss der Mann, der mich zuletzt verließ. Und zwar schon lange bevor er die Tür hinter sich zumachte. Im Herzen hatte er sich längst verabschiedet, ohne es mir zu sagen.

Ich merkte, dass mir längst Tränen über das Gesicht liefen, weil meine Lippen salzig wurden. Mein Herz tat so weh, dass ich nach Luft schnappte. Mein Magen krampfte. Diese Verluste, dieses Verlassenwerden, obwohl ich immer bemüht und verliebt war. Der Druck war groß und ich hatte kein Ventil zum Ablassen. So saß ich da und fand nicht den richtigen Moment, um zu fragen: Hey Herz, was ist los mit uns? Wohin des Weges? Ich kam mir albern vor. Und ich dachte: Ach, ich schau mir eine Netflix-Serie an oder rufe meine Freundin Lara an und frage, ob wir in eine Bar gehen.

Doch dann blieb ich einfach sitzen. Ich hielt es aus. Ich lief nicht weg. Es tat weh. Aber ich spürte, dass es da etwas in mir gab, das einfach beobachtete und damit ein wenig Halt gab. Immerhin.

Ich weiß nicht, wie lange das so ging. Aber mein Herz meldete sich nicht. Es hatte sich vermutlich in einer Höhle verkrochen – das hätte ich auch so gemacht.

Aber irgendwann nahm ich den Stift mutig in die Hand und schrieb ein paar Worte, ohne abzusetzen: »Ich bin bereit

für das, was kommt, liebes Herz. Zeige mir bitte den Weg. Danke! Es fällt mir schwer, dich zu fragen, weil ich dich verraten habe. Aber bitte, sei für mich da, denn ich fühle mich verloren.«

Bevor eine Reise losgeht, braucht man eine Richtung, einen Kompass. Ich konnte das nicht ohne mein Herz, das wurde mir nun klar. Die paar Worte reichten aus, dass ich es fühlte und sich im Inneren etwas regte. War es Zuversicht? Ein Funken Freude? Oder Entschlossenheit?

3.

Date mit dem Herzen

Ich wartete. Story of my life. Ich wartete darauf, dass etwas passierte. Was und wie, wusste ich selbst nicht. Aber ich wünschte mir, dass sich etwas änderte. Nur an welchem Hebel sollte ich ziehen? Ich kannte alle meine Wünsche in- und auswendig. Das Universum hatte sie auch schon mehrfach von mir gehört – schriftlich und mündlich.

Ich fühlte mich, als sei ich aus meinem Leben herausgewachsen. Aber bevor ich mich umzog, wollte ich wissen, ob meine neuen Kleider passten. Damit ich nicht zu lange nackt dastand. Ich wollte eine Arbeit, die mir Spaß machte und für die ich nicht nur mit Geld honoriert wurde. Ich wünschte mir einen ruhigen und dennoch inspirierenden Ort, an dem ich bleiben konnte. Ich erhoffte mir mehr Unterstützung, mehr Freude und von Herzen einen Mann, der nicht weglief und alle Versprechen brach, sondern blieb.

Einen richtigen Mann. Doch was bedeutete das für mich? Jemand, der zu sich selbst stand und keine Angst vor einer starken Frau hatte. Jemand, der herzlich war. Jemand, der nicht in Floskeln sprach, sondern zu seinen eigenen Worten

stand. Jemand, der nicht im Fußballstadion grölte, sondern in der Natur wanderte. Mit mir, mit unserem Hund, mit unseren Kindern. Ich hörte das Lachen, das uns den ganzen Tag begleiten sollte. Ich wünschte mir Freude und Harmonie. Ich fühlte es, wusste aber nicht, wo sich die Brücke in dieses Leben befand, das mich erfüllen sollte. Manchmal dachte ich: Er muss schon geboren sein und auf dieser Welt atmen. Das erfüllte mich mit Hoffnung.

Es passierte nichts, den ganzen Tag nicht. Ich wurde sauer, wütend und zuletzt traurig. Ich schrieb Chatnachrichten und Mails an den schlauen Nic, bekam aber keine Antwort. War das Teil des Spiels?

Als ich so müde im Bett lag, dass ich vor lauter Erschöpfung nicht schlafen konnte, sah ich mein Smartphone aufleuchten. Ich hatte die Angewohnheit, es auf meinen Nachttisch zu legen, und wurde bei jeder neuen Nachricht informiert. Das gab mir das Gefühl, nichts zu verpassen und in Kontakt mit der Außenwelt zu sein.

Blitzartig schnappte ich mir mein Smartphone und öffnete mit pochendem Herzen und halb offenen Augen die Nachricht. Sicher würde ich erfahren, wo es hingehen würde. Die Nachricht enthielt den Betreff: »Du hast ein Date!« Mein Herz pochte. Meine Gefühle hinsichtlich Dates waren gemischt. Ich liebte sie, ich hasste sie. Sie hatten mich beflügelt, aber auch zerlegt. Würde ich mich erneut trauen, mich zu zeigen?

Dort stand:

Liebe Sophie,

heute lade ich dich ein, eine Reise in das Innere deines Herzens zu starten und dem zu begegnen, was du dort findest. Schließe deine Augen und sieh. Erkenne die Tür zu deinem Herzen und gehe in den Raum, der erfüllt ist mit deiner Liebe und mit deiner Weisheit. Erkunde diesen Ort auf deine Art. Wenn du etwas findest, was nicht deins ist oder dort nicht hingehört, dann miste aus. Falls es irgendwo dunkel ist, dann lasse Licht herein. Sei dir gewiss: Das Licht fällt immer ins Dunkel und nicht umgekehrt. Nur Mut. Von Herzen, Nic

Ich lachte laut auf. Das war meine Art in vielen Lebenslagen. Mal lachte ich aus Verlegenheit, mal aus purer Freude und manchmal auch, wenn ich Angst fühlte. Nichts wünschte ich mir mehr als Freiheit und Grenzenlosigkeit, doch gleichzeitig machte es mir Angst. Angst, mich zu verlieren, und Angst, im Keller meines Unterbewusstseins alles Mögliche zu entdecken, vor allem Monster. Sollte ich die Büchse der Pandora öffnen?

Wenn ich mich für etwas entschieden hatte, zog ich es durch. Also legte ich die Hand auf mein Herz und wünschte mir, eine Richtung zu bekommen. Was konnte ich noch tun? Was übersah ich? Ich hatte ab und zu das Gefühl, andere wüssten insgeheim, was mein fehlendes Puzzleteil sein könnte. Hätte ich sie gefragt, hätten sie vermutlich gesagt: »Ja, ist doch klar. Das und das fehlt dir.« Ich hatte aber Angst, zu

fragen, weil ich nicht verunsichert werden wollte. Woher sollten die anderen die Wahrheit kennen? Gab es so etwas wie Wahrheit überhaupt?

So viele Fragen und ich kannte niemanden, der alle Antworten wusste. Ich drehte mich im Kreis. Nic hatte mir geschrieben, dass ich die Antwort auf meine Fragen bin. Wenn das wahr wäre, würde es mich retten.

Auch wenn es mir komisch vorkam, wollte ich diesem Experiment unbedingt eine Chance geben. Immerhin war es anders – anders als die immer gleichen Routinen des Alltags. Ich wollte es trotz aller Rückschläge und Hindernisse im Leben wieder wagen, auf Veränderung zu hoffen. Das war es, was mir blieb und was mir keiner nehmen konnte. Es fühlte sich insgeheim mächtig an.

Ich schloss die Augen, während ich in Rückenlage auf den Schlaf vorbereitet war. Ich legte die Hände auf mein Herz, fühlte es schlagen. Poch, poch, poch! Ganz gleichmäßig, unbeeindruckt und kraftvoll. Auf sanfte Art. Das hatte ich zuvor nie bewusst wahrgenommen und es machte mich ein wenig traurig. Wow, mein Herz schlug, mein Atem machte die ganze Zeit sein Ding. Immer und verlässlich. Erst jetzt, mit Mitte dreißig, nahm ich zum ersten Mal wahr, dass ich meinem Körper in der Hinsicht komplett vertrauen konnte. Ich brauchte gar nichts dafür zu tun, außer dafür zu sorgen, dass ich nicht zu lange unter Wasser blieb oder achtlos auf die Straße rannte. Ja, und dass mein Herz nicht brach. Ich hatte versagt. Oder war es vielleicht doch heil geblieben? Ich fühlte mich fast schuldig, weil ich das jetzt erst würdigen konnte. Ich flüsterte leise: »Danke!«

Ich lauschte weiter meinem Herzschlag und sagte nach einer Weile zu mir: »Ich möchte wissen, was ich tun soll, damit ich glücklicher bin und mein Leben besser zu mir passt.« Stille. Mein Herz schlug einfach unbeeindruckt weiter. Puh! Das sollte also mein erster Ort sein, mein Herz. Es schlug den ganzen Tag für mich und ich hatte es schon oft aus dem Takt gebracht. Ein bisschen fürchtete ich, was mich da erwartete. Eine dunkle Ecke. Und natürlich hatte ich Angst, dort den Menschen zu begegnen, die mich bis auf die Knochen verunsicherten, weil sie mich verlassen, beleidigt und gekränkt hatten. Doch ich war bereit, mich den Dämonen zu stellen.

Ich suchte mit meinen inneren Augen die Tür zu meinem Herzen – und wurde fündig. Sie war aus Holz, groß, mit eisernen Beschlägen und ganz vielen Zahlenschlössern versehen. Abgesperrt, doppelt gesichert und drum herum waren Alarmanlagen und Kameras installiert. Ich lachte, denn es sah mir ähnlich. Ich war ein vorsichtiger Mensch (geworden). Ich wollte unbedingt sicherstellen, dass niemand ungefragt in mein Herz gelangte, zufällig die Tür aufmachte und einfach eintrat. Alle brauchten einen Code für den Zugang, den allein ich verteilte.

Nur heute stand interessanterweise ich selbst davor und wusste nicht, wie ich diese Schlösser in allen Formen und Farben öffnen sollte. Es sah hier aus wie auf einer dieser Brücken, an denen Liebende Schlösser festmachten, um dann den Schlüssel ins Wasser zu werfen.

Eine romantische Idee, aber ich wollte so etwas nie machen, das wurde mir nun bewusst. Mich auf ewig mit jemandem verbinden. Der Gedanke daran nahm mir die Luft zum

Atmen, ich bekam fast Panik. War ich diejenige, die sich nicht einlassen wollte? Und gar nicht der andere?

Ich klopfte an die Tür und fragte: »Darf ich hereinkommen?« Aufgeregt wartete ich auf eine Antwort.

»Du bist immer herzlich willkommen, Sophie.«

Ich fragte mit leichter Ironie: »Ja, und wie komme ich in diesen Hochsicherheitstrakt?«

»Indem du die Fesseln sprengst. Entscheide dich dafür, dein Herz wieder zu öffnen.«

Das war etwas, bei dem ich nun wirklich nicht gleich »Ja!« rufen konnte.

»Das schaffe ich nicht.« Dies zu sagen, fühlte sich stark an.

»Was schaffst du denn?«

»Ich könnte auf die ganzen Schlösser verzichten, aber ein Überwachungssystem sollte besser bleiben.«

»Das ist doch ein sehr guter Anfang. Tritt ein.« Und die Schlösser sprengten sich selbst und zerplatzten zu goldenem Staub, der durch die Luft wirbelte und sich glitzernd in meinen langen braunen Haaren verfing wie bei der Goldmarie. Das gefiel mir. Ich fasste den antiken Knauf und drehte und schon konnte ich in mein Herz eintreten.

Es war leer.

Ich sah nichts außer gleißend hellem Licht, sodass ich meine Hand vor die geblendeten Augen hielt. Die Tür fiel quietschend hinter mir zu und ich fühlte mich einsam. Da stand ich und mir wurde kalt.

Aus dem Off ertönte eine vertraute Stimme, die sanft in der Leere hallte: »Sophie, meine Liebe. Ich bin's, dein Herz. Was du gerade siehst und erlebst, bist noch nicht du. Erinnere

dich daran, wer du wirklich bist. Erinnere dich daran, dass ich nichts lieber tue, als zu lieben. Vor allem dich. Strahle.«

Bei den Worten kamen mir die Tränen. Ich schluchzte, hier, wo mich niemand sah. Ja, ich wollte lieben und wusste, dass das meine Stärke war. Ich konnte so viel Gefühl für andere aufbringen. Für meine Herzensmenschen, für die Natur, für Kinder, für Tiere. Aber ich hatte nie gewusst, dass ich mir dasselbe Gefühl schenken konnte.

Mein Ex-Freund hatte mir einmal gesagt: »Ich glaube, du liebst dich selbst nicht. Wie kannst du mich dann lieben?« Damals hatte ich das nicht verstanden, doch jetzt dämmerte mir, dass es da einen Zusammenhang geben musste. Warum hatte ich nicht daran gedacht, mich selbst zu lieben und JA zu mir zu sagen? Mich so zu nehmen, wie ich war. Schließlich machte ich das mit anderen auch. Ich sprach immer respektvoll und wertschätzend mit anderen, während meine innere Stimme oft übergriffig war. Ich pushte mich mit Sätzen wie: »Mach doch endlich« durch den Tag und am Ende bekam ich ein: »Das hast du wieder nicht geschafft« als Dank von mir. War das normal?

Ich setzte mich auf den Boden und spürte, dass er wider Erwarten weich war, ein warmer, flauschiger weißer Teppich, und als ich mich umschaute, sah ich, dass der Raum plötzlich goldener und wärmer erschien. Es roch nach Rosen.

Ich fühlte mich wohler, und je wohler ich mich fühlte, umso gemütlicher wurde es in dem Raum, der eigentlich kein richtiger Raum war, denn ich sah keine Wände, nur endlose Weite, als säße ich mitten auf der Milchstraße. Es gab hier keine Grenzen und ich fand es aufregend und unheimlich zugleich.

»Sophie, dreh dich kurz um«, hörte ich da. Ich wandte den Kopf und sah helles Licht. Doch dort zogen auch dunkle Wolken, pechschwarze Fetzen wie Nebelschwaden. Ich stand auf und wollte sie mit den Händen wegwedeln.

»So geht das nicht, Sophie. Du kannst nicht etwas wegwischen, das hier seit einer Weile vorbeizieht«, sagte die Stimme in einem sanften Tonfall.

»Aber was soll ich sonst machen?«, sprach ich in die unendliche Weite.

»Stelle dich in die Wolken. Fühle ein letztes Mal. Und entscheide dich dann loszulassen. Danach lass noch mehr Liebe zu, um die schwarzen Wolken in helles Licht zu verwandeln.«

»Wofür stehen die Wolken?«

»Das musst du nicht unbedingt immer wissen. Aber manche wirst du wiedererkennen. Jede Wolke ist mit Momenten in deinem Leben verknüpft, in denen du dich unwohl fühltest. Keine Angst, es wird nie so schlimm wie in dem Moment, als du dich verletzt oder unverstanden gefühlt hast. Du brauchst nicht alles auf einmal auflösen. Schritt für Schritt. Du bist bereit.«

Ich atmete angestrengt ein.

»Ach ja, und vergiss nicht zu atmen.«

»Ja, mein Herz!«, sagte ich kichernd und hörte ein glockenhelles Lachen wie ein Echo erklingen. Es verband.

Ich stand auf und stellte mich in die erste Wolke, die auf Herzhöhe hing. Gleich fühlte ich mich wieder unfrei, wie benebelt und eher unmotiviert, irgendetwas zu tun, wie bei schlechtem Wetter.

»Du bist die Wettermacherin in deiner Welt«, sagte da das Herz, das meins war. Und es stimmte. Ob draußen die Sonne

schien, konnte bisher niemand beeinflussen. Aber im Inneren, da konnte ich entscheiden. Ich wählte die Perspektive »endloser Sommer«. Und mir wurde bewusst, dass ich mehr Macht hatte, als mir jemals bewusst gewesen war. Falls ich diese Wolke loswerden konnte.

»Entscheide dich, alles anders zu sehen. Mit den Augen der Liebe«, hörte ich mein Herz sagen.

Ich versuchte, die Wolke als etwas zu sehen, das zwar ein Teil von mir war, aber dann auch wieder nicht. Denn schließlich zeigte sie sich hier deutlich als Fremdkörper. Mir wurde klar, dass wegwischen und bekämpfen nichts brachte. So stand ich da, von der Wolke umhüllt, und es fühlte sich auf jeden Fall nach ganz viel Traurigkeit an, die alles schwer wie eine Nebeldecke machte. Ich dachte: Mhm, das müssen eher alte Gefühle sein, denn in diesem Moment gab es eigentlich keinen Grund, sich schlecht zu fühlen. Ich befand mich in meinem Herzen und alles andere glitzerte um mich herum.

Während ich grübelte, zeigte sich in meinem Inneren ein Bild. Ich sah mich selbst als Schulkind. Ich war verunsichert, weil meine beste Freundin plötzlich nicht mehr mit mir redete. Sie tuschelte auf der Bank neben mir mit einer neuen Freundin und zeigte auf mich. Sie teilte nun ihre Kaugummis mit ihr. Ich verstand es nicht. Was war passiert? Ich wollte dem Mädchen von damals zurufen: »Das ist gemein und hat nichts mit dir zu tun! Frag, warum sie sich so verhält?«

Aber der neunjährigen Sophie fiel nichts anderes ein, als zu verstummen, traurig und verunsichert zu sein. Ich kannte es so gut: sich einsam zu fühlen, ungeliebt, falsch.

Ich sah mich nach der Schule zu meiner Mutter gehen. Nachdem sie meine Geschichte gehört hatte, während sie das Geschirr nach dem Mittagessen laut klappernd in die Schränke räumte, sagte sie, als sei es eine Nebensache: »Na, die mögen dich wohl nicht.« Ich sah mich in mein Zimmer rennen und dort weinen. Ich erinnerte mich an das Gefühl. Es übersetzte sich in eine innere Gewissheit: Niemand mag mich. Ich bin nicht liebenswert.

Ich schluckte. War ich etwa weitergewachsen und hatte dieses kindliche Gefühl mitgenommen und aufbewahrt? War ich als Erwachsene so sehr in der Vergangenheit verhaftet? Beeinflusste dies mein Verhalten, meine Ausstrahlung, mein Handeln und mein Denken? Ich kam mir wie ein falsch programmierter Computer vor. Nic hatte es gesagt und ich fühlte es nun.

Aus heutiger Perspektive erschien es keine große Sache, aber als Kind hatte ich eine andere Sicht darauf. Das musste mindestens genauso schlimm gewesen sein wie der Moment, als mein Ex-Freund mit gepackten Koffern in unserem Hausflur stand, wie ein erloschener Vulkan wirkte und ausdruckslos sagte: »Ich ziehe aus.« Da hatte ich auch mehr Fragen als Antworten, aber verstummte. An mir klebte dieses eklige Gefühl: Du bist es nicht wert, geliebt zu werden, und niemand bleibt bei dir. Dabei war es vielleicht auch nicht schlecht? Wer wollte schon mit jemandem in einer Beziehung sein, der betrog und einfach so ging?

Da hörte ich meine Kinderstimme, die mich aus meinen Gedanken riss. »Sophie, endlich bist du wieder da!«

Wieder da?! Bisher war ich keine Zeitreisende gewesen.

»Weißt du, wer ich bin?«, fragte ich mich offenbar selbst.

»Ja, du bist doch Ich. Meine Beschützerin.« Mein Herz wurde warm und Liebe floss in Strömen herein, als wäre ein Staudamm gebrochen. Das ging? Aber ich hatte gar nichts gemacht, oder doch?!

»Kleine Sophie, ich sehe dich heute zum ersten Mal. Ich freue mich so sehr!«

»Ja, heute siehst du mich zum ersten Mal. Aber ich kenne dich schon. Es ist der Anfang unserer Liebe für dich. Aber ich weiß, du wirst auch noch weiter zurückreisen und zu einem früheren Zeitpunkt für mich da sein«, sagte da mein inneres Kind.

Ich schluckte und kam mir vor wie in einem Science-Fiction-Roman. Wenn Zeit und Raum aufgehoben waren, dann konnte ich doch auch bei meiner eigenen Geburt dabei sein und mich selbst begrüßen?

Mir fiel nichts Besseres ein, als das Kind in meiner inneren Welt zu umarmen und ihm ein neues Gefühl zu schenken, das mir eine heilsame Botschaft sendete: Du bist wunderbar, so wie du bist. Die richtigen Menschen bleiben. Sei froh, dass du die los bist. Sie ist nicht deine Freundin.

Meine junge Version schaute mich dankbar an, als sei ich ein Engel aus der Zukunft. Wie durch Zauberhand wuchs sie plötzlich, bis sie so groß war wie ich und wir uns auf Augenhöhe begegnen konnten. Wir fühlten: Ich bin du und du bist ich.

Als ich mich wieder umschaute, war diese Wolke schon einmal weg. Mit den anderen, etwas dunkleren, würde ich auch noch fertigwerden. Aber nicht mehr heute. Schritt für

Schritt. Ich fühlte mich unendlich müde. Ich rief: »Ich gehe schlafen!«

»Gut gemacht, Sophie. Du kannst immer wiederkommen. Schlaf gut und vergiss nicht: Du bist unendlich geliebt. Du bist liebenswert. Immer.« Ich schluckte, weil ich nicht wieder weinen wollte, und ging nach einer kurzen Atempause zur Tür.

»Ach ja, Sophie …«, sagte da mein Herz noch.

»Ja?«

»Lass gern die Tür ein wenig auf. Zumindest einen Spalt. Ich brauche frische Luft und liebe es, offen zu sein.«

Ich zögerte erst. Dann nickte ich.

4.

Das Leben darf einfach und leicht sein!

Am nächsten Tag hatte ich das Gefühl, dass auf meinem Herzen ein riesiges Pflaster klebte. Gut daran fand ich, dass ich versorgt war. Schlecht daran fand ich, dass ich verletzt war und wohl noch Zeit brauchte, bis die Wunde heilte. Als ungeduldiger Mensch empfand ich das als nervig. Ich erinnerte mich auch daran, dass das Abreißen von Pflastern wehtat. Ich wollte bei dem Guten bleiben: Mich spüren und anerkennen, was bis hierher geschehen war. Es änderte sich etwas, in mir. Das war besser als der erstarrte Zustand davor, als in mir grauer Nebel waberte.

Mein Körper fühlte sich viel leichter an, ich bekam wieder Lust auf Bewegung, auf Tanzen, auf Sex. Doch nur für einen Moment. Dann bremsten mich meine Gedanken aus, und ich schweifte wieder dorthin, wo meine nicht endende To-do-Liste hing. Sogar im Urlaub nahm ich mir vor, etwas zu tun. So war ich wohl programmiert. Endlich ausmisten, Altpapier wegbringen und Waxing. Stopp! Hatte ich Urlaub?

So richtig fühlte sich diese Reise ins Innere nicht danach an. Ich war erschöpft. Mein Spiegelbild sah blass aus, die Augen-

ringe konnte ich auch nicht wegdiskutieren und mein Sommerkleid passte nicht mehr so gut wie letztes Jahr. Aber Moment, meine Augen sahen weniger müde, ein bisschen strahlender aus. Inneres Strahlen, ein Gefühl, das nie von außen gelobt wird. Da geht es darum, welche Figur man hat oder welche neuen Schuhe man trägt oder ob die Wimpern echt sind oder nicht. Ich fragte mich: Wird innere Schönheit überhaupt gesehen? Oder hängt das alles zusammen? Sollte ich meinen Blick ändern?

Ich machte mir einen Espresso mit meinem kleinen Kocher aus Portugal und schäumte die Mandelmilch dazu auf. Ich nahm mir extra viel Zeit dafür, ich hatte ja Urlaub. In mein Mailpostfach musste ich trotzdem schauen, aber nur, um Nics Aufgabe des Tages zu lesen. Mein Herz unter dem Pflaster kribbelte. Aha, es war lebendig, wie schön.

Liebe Sophie,
du bist bereit für die nächste Etappe deiner Reise. Heute bekommst du eine besondere Begleitung. Sie wird dir sagen, was ihr erlebt. Denn sie weiß, was es bedeutet, sorgenfrei und ohne Ängste in den Tag hineinzuleben. Die Möglichkeiten sind grenzenlos. Schließe deine Augen und sieh. Schaue in die Augen von der kleinen Sophie. Gute Reise! Von Herzen, Nic

Als ich die Worte las, war ich auf eine sonderbare Art berührt. Die kleine Sophie? Ich freute mich darauf, sie wiederzutreffen,

aber ich hatte auch ein mulmiges Gefühl. Was, wenn sie wieder etwas Verwirrendes erlebt hatte? Ich fragte mich auch, ob sie sauer war, weil ich sie lange vergessen hatte.

Ich dachte, ihre Tage wären mit meiner Kindheit vorbei gewesen. Dass sie in mir noch leben, dass ich ihr meine Welt erklären und ihr sagen könnte, dass sie fortan nur auf mich hören sollte anstatt auf das, was andere sagten, ergriff mich.

Mutig schloss ich erneut die Augen und sah. Dieses Mal spielte die kleine Sophie summend mit ihrer Puppe allein in ihrem Zimmer und erschien mir noch jünger als bei unserem ersten Treffen. So allein, dachte ich. Ich fühlte mich wie ein Störenfried und wollte sie nicht erschrecken, doch da drehte sie sich um und schaute mir in die Augen. Sie schien schneller zu begreifen, worum es in diesem Moment ging. Ihre grünbraunen Augen leuchteten und ihr Blick hielt meinen fest. Erleichtert merkte ich, dass sie keine Angst hatte, sondern froh war, mich erneut zu sehen. »Danke. Seitdem du da bist, friere ich nicht mehr. Es fühlt sich wärmer an, vor allem hier ums Herz«, sagte die Kleine und pikte sich in die Brust.

Klein-Sophie reichte mir ein Bild. »Ich habe etwas für dich!«, sagte sie mit leuchtenden Augen. Ich schaute auf das Bild, das aussah wie eine Landkarte. Dann umarmte sie mich und löste sich auf.

Ich öffnete die Augen in der Gegenwart und hörte das Rauschen der Heizung. Hier war ich wieder, allein in meiner Wohnung. Oder etwa nicht? Ich schaute mich um und sah, dass meine Hand so aussah, als würde sie etwas halten. Das Bild von der kleinen Sophie! Doch da war nichts in meiner Hand. Schnell suchte ich meine Buntstifte in meiner Kram-

schublade und einen Block und fing an zu zeichnen, damit ich nicht vergaß.

Als ich das fertige Bild in meiner Hand hielt, zog es mich sofort an. Mir blieb keine andere Wahl, als mich in die Landschaft mit Wiesen und Bäumen hineinzuträumen. Ich schloss im Sitzen die Augen und wachte auf einer Wiese mit blühenden Sonnenblumen auf. Es duftete nach frisch gemähtem Gras, ich hörte die Blätter im Wind rascheln, es zirpte um mich herum. Ich sah nur Natur, die gelassen tat, was sie immer tat: ein Bach plätscherte, ein Vogel suchte nach kleinen Ästen für ein Nest und ein Gänseblümchen wiegte im Wind. Ich trug mein weißes Lieblingssommerkleid mit den blauen Blüten … Moment, aus meiner Kindheit. Ich sah an meinem Körper hinunter, der deutlich jünger und weniger getragen war. Ich glaube, ich war fünf Jahre alt.

Ein gelber Schmetterling mit zarten goldenen Sprenkeln auf den Flügeln schwebte heran. Er flog auf meinen Bauch und blieb sitzen. Ich schaute ihn an und wartete darauf, dass er vor Schreck wieder wegflog, doch er blieb. Im Inneren bekam ich das Gefühl, dass ich mich bewegen sollte, nicht der Falter. Also setzte ich mich auf, schüttelte mich und spürte sofort diese Leichtigkeit und Unbeschwertheit in mir. Alle Sorgen und Zweifel waren weg und ich hatte gefühlt unendlich Zeit. Der Schmetterling flatterte aufgeregt über mir und flog los. Ich folgte ihm, ich rannte und währenddessen musste ich ungehemmt loslachen. Ich merkte, dass ich barfuß war und spürte die weiche Erde. Ich hatte keine Angst, einen falschen Schritt zu machen. Dass ich abgehängt wurde, motivierte mich, schneller zu werden.

Ich erinnerte mich daran, dass Schmetterlinge für mich Glücksbringer symbolisierten. Immer wenn ich einen irgendwo sah, sei es nur auf einem Plakat, fühlte ich mich beschwingt. Er gab mir Hoffnung, denn er stand für Verwandlung, Leichtigkeit und Freiheit.

»Ich bin deine Erinnerung daran, dass es einfach sein darf. Leicht«, sagte der Schmetterling synchron zu meinen Gedanken.

»Oh, danke, lieber Schmetterling. Das freut mich sehr«, hörte ich mich sagen. In meiner kindlichen Version zweifelte ich wohl nicht daran, dass ein Schmetterling reden konnte.

»Möchtest du mit mir fliegen?«, fragte er und flatterte dabei in der Luft.

»Nichts lieber als das. Aber wohin?«

»Wir folgen der Freude. Dann kommen wir immer an.«

Ich konnte mich selbst sehen, vor allem meine leuchtenden Augen. Diese Begeisterung, diese ungebremste Freude, auf dem Weg zu noch mehr Freude. Ich breitete meine Arme aus und flatterte. Nichts passierte. Aber ich wollte nicht aufgeben.

Der Schmetterling kicherte und sagte: »Glaubst du wirklich, wirklich, dass du fliegen kannst? Oder hast du Zweifel daran?« Ich fühlte mich erst erwischt. Dann holte ich dramatisch Luft und rief entschlossen in den Himmel: »Ja, logisch! Ich kann fliegen. Ich bin leicht und frei.« Als ich die Arme ausbreitete, schoss ich in den Himmel und konnte spielend mit dem Schmetterling mithalten. Je höher ich flog, desto mehr sah ich. Die Wiese verschmolz mit Feldern, Wäldern, Dörfern, Städten und meine Perspektive weitete sich ins Unendliche.

Als ich durch die Wolken schwebte, dachte ich nicht viel. Nur eins: Aus dieser Perspektive gehörte alles zusammen, wie ein riesiges Patchwork. Großes sah klein aus und nichts stand mir im Weg. Ich genoss jeden Atemzug und fragte nicht mehr nach der Richtung. Ich vertraute dem Wind.

Die Zeit löste sich zwischen den Wolken auf. Ich fühlte, ich sah, ich roch, ich schmeckte, ich hörte. Als der Wind nachließ, ließ ich langsam die Arme sinken und glitt sanft hinab. Es tat gut, wieder den Boden unter den Füßen zu spüren. Es fühlte sich ebenso natürlich an, wie zu schweben. Irgendwo zwischen Himmel und Erde, da war mein Platz. Es fühlte sich befreiend an. Es war richtig.

Ich war auf einer Lichtung im Wald gelandet und der Schmetterling saß auf einer gelben Blume.

»Sophie, mein Herz. Schön, dich so zu sehen.«

Ich nickte und lächelte ihn an. »Danke für diesen Flug. Ich fühle mich, als würde ich innerlich tanzen.« Ich sah an mir hinab und bemerkte, dass ich gewachsen war. Ich war die heutige Sophie. Der Flug hatte wohl gedauert.

»Yippie!«, rief der Schmetterling und begann wieder zu flattern. Er hatte es gut. Er konnte die Welt von oben sehen. Er hatte den Überblick. Ihm standen alle Blumen dieser Welt zum Ausruhen zur Verfügung. Unendliche Möglichkeiten.

»Sehen wir uns wieder?«, fragte ich mit leiser Angst. Es war so eine Art von mir, schöne Momente unbedingt festzuhalten und wiederholen zu wollen.

»Du kannst dich nicht mit mir verabreden. Du wirst mich sehen, immer wenn du eine Erinnerung brauchst.«

»Woran denn?«

»Eine Erinnerung daran, dass du aufhören darfst, dich selbst zu blockieren, und stattdessen das zulässt, was mit Leichtigkeit von selbst geschehen soll.«

»Was genau meinst du damit?«

»Gib die Kontrolle ab. So viel von deiner Energie fließt darein, Rollen zu spielen, dich zu schützen und alles krampfhaft so zu lenken, wie du es für richtig hältst. Dabei kannst du gar nichts wissen. Es ist gut, Ziele zu haben und diese umzusetzen. Was wäre aber, wenn das Leben manchmal einen viel besseren Plan hat und du ihn mit deinem kontrollierten Tun verhinderst?«

Diese Worte trafen mich wie ein Pfeil. Sie lösten Bedauern bei mir aus, aber gleichzeitig eine wahnsinnige Befreiung. Ja, wie wäre es, das Leben so zu sehen? Dann müsste ich mich gar nicht um alles kümmern, sondern ich könnte mich auch zurücklehnen und auf der Wiese entspannen?

»Lieber Schmetterling, das ist eine interessante Perspektive. Ich weiß nicht, wie das gehen soll. Werde ich dann faul und passiv?«

»Nein. Deine Aufgabe ist nur anders. Du darfst bei dir bleiben und dein authentisches Sein in jedem Moment voller Freude verkörpern. Damit hast du gut zu tun. Für den Rest ist gesorgt.«

Ich atmete auf. Wenn das wahr wäre, dann wäre ich sehr entlastet.

Der Schmetterling ließ sich auf meiner Nase nieder, kitzelte mich mit seinen Flügeln und flog schließlich davon. Ich konnte nicht mehr Abschied nehmen. Aber vielleicht sollte das so sein?

Ich ließ ihn fliegen und wachte wieder auf. Ich klappte die Augen auf und sah, mit mehr Weitblick. Ich nahm mein Notizbuch und schrieb dort hinein: »Das Leben darf leicht sein und ich folge meiner Freude. Ich vertraue darauf, dass es für mich einen besseren Plan gibt, als ich mir vorstellen kann.«

Als ich den letzten Satz beendet hatte, fühlte es sich so an, als wollte meine Hand noch mehr schreiben. Eigenartig. Ich schaute neugierig zu, wie sich Worte formten: »Alles, was mir Freude macht« schrieb ich oben auf das Blatt und dann folgte eine bunte Liste:

- *Vanilleeis essen*
- *In alle Pfützen springen*
- *Marienkäfer in einer Box sammeln und dann wieder fliegen lassen*
- *Schneefrauen mit Möhrennase bauen*
- *Kekse mit viel zu vielen bunten Perlen verzieren*
- *Schaum in der Badewanne mischen*
- *Ponys erst füttern, dann streicheln*
- *Bibi Blocksberg hören*
- *Blumen auf Papier kritzeln*
- *In Wolken die Formen von Tieren erkennen*
- *Nägel heimlich lackieren*

Ich ahnte natürlich, wer diese Liste geschrieben hatte, und schmunzelte, weil ich nun wieder eine To-do-Liste hatte. Allerdings würde ich danach vermutlich eher mehr als weniger positive Energie fühlen, weil jedes To-do auf dieser Liste Spaß machte.

5.

Schaue zu und sieh eine neue Perspektive

Heute startete ich mit einem inneren YES! anstatt mit einem OH NO! Das hatte mir einmal eine Freundin erzählt: dass sie jeden Morgen, wenn sie die Augen öffnet, zuallererst laut YES! ruft. Dann ruft sie ihre Schwester an. Beide rufen dann zusammen laut: YES! Mehr nicht. Und zwar das englische Wort, weil es mehr Power habe als ein deutsches JA! Mittlerweile hat sie sich das Wort auf den kleinen Finger tätowieren lassen. So schaut sie automatisch jeden Tag mehrmals darauf. Tatsächlich macht es einen Unterschied, ob ich mich mit YES! in den Tag schleudere oder ob ich ein knirschendes NEIN! mit mir ins Bad schleppe und so schon die Zähne putze. Der Tag hat mir ja nichts getan. Er hat nur angefangen.

Ich nahm also meinen Kaffee, setzte mich ins Fenster und schaute auf die große Eiche, die bis zu mir in den fünften Stock wuchs. Ich prostete ihr mit dem Kaffee zu. Das hatte ich noch nie gemacht. Auch dass ich entspannt ohne Smartphone dasaß, war neu.

Mit meinem inneren YES klappte ich den Laptop auf, um Nics Mail zu lesen. Sie war schon da und verwandelte mich

wieder in ein OH NO. So langsam begriff ich, dass ich mich auf dieser Reise wenig im Außen bewegen würde. Auch heute hieß es *Staycation*. Also: zu Hause bleiben und dort Urlaub machen.

Liebe Sophie,
heute darfst du dich zurücklehnen und dir einen besonderen Liebesfilm ansehen. Das Drehbuch hast du zusammen mit deinem Ex-Freund geschrieben. Schau zu und sieh neu hin..Von Herzen, Nic

Wenn ich Geld für die magische Reise bezahlte hätte, dann hätte ich es jetzt zurückgefordert. Das Vertrauen bröckelt, Nic! Ein Liebesfilm mit meinem Ex!? Haha! Ich lachte, weil es so absurd war. Konnte das alles hier noch komischer werden? Ich schrieb: »Ich will diesen Film nicht sehen. Das ist das Letzte, was ich in meinem Urlaub mache. Danke, aber nein!«

»Sophie, vertraue mir. Wir wollen nur das Beste für dich.«

»Wer ist wir?«

»Ich und dein Leben.«

»Mhm.«

»Schau dir diesen Film an, als sei er ein Hollywoodfilm. Ich verspreche dir, es gibt ein Happy End.«

Damit hatte er mich. Schließlich wollte ich meine Geschichte neu schreiben. Mit Happy End. Wenn Nic das schon für mich getan hatte, umso besser. Dann war er wohl doch auf meiner Seite.

Ich ging in die Küche und schaltete die Popcornmaschine an. Ich besaß tatsächlich so ein Teil und hatte es zuvor genau zwei Mal benutzt. Eins dieser Küchengeräte, das man unbedingt haben möchte, weil es das Leben angeblich einfacher macht, und das man dann doch länger sauber macht als nutzt. Während das Popcorn poppte, stiegen die Bilder vor mir auf, die ich seit Wochen löschen wollte.

Als ich Jan kennenlernte, dachte ich wirklich, dieses Mal sei es für immer. Schließlich besiegelte unser erster Kuss, dass wir zusammenbleiben würden, sogar eine gemeinsame Wohnung suchten und alles miteinander teilten: vom Bett bis zu den Gummibärchen. Freud und Leid. Doch was wir wohl nicht miteinander teilten, war, was wir fühlten, wünschten und brauchten. In dieser Stille machte sich Jan davon und hinterließ in mir viele unbeantwortete Fragen. Vor allem: Warum? Was wollte mir das Leben damit sagen, so enttäuscht zu werden? Mich verlassen zu fühlen.

Mutig und voller Erwartungen klickte ich auf den Link zu einem Stream mit dem Titel »Reise zurück an den Anfang«, den mir Nic gesendet hatte. Der Film startete, und ich klemmte mich mit einem Ziehen im Bauch sowie leichter Übelkeit zwischen Sofa und Sofatisch, um auf den Laptop zu starren.

Als Erstes sah ich Sterne. Wurde es romantisch? Eine schnelle Kamerafahrt durch das Universum, das mich schon seit meiner Kindheit faszinierte. Diese unvorstellbare Weite machte mir einerseits Angst, ließ mich aber andererseits hoffen, dass unsere Sicht von der Erde aus begrenzt ist. Was wäre, wenn alles ganz anders ist? Wer weiß schon, wo wir herkom-

men und wo wir hingehen? Was wäre, wenn das Paradies nicht im Himmel, sondern überall ist?

Die erste Szene riss mich aus meinen Gedanken. Ich sah weiter nur Sterne, hörte aber auch Stimmen. Eine Stimme fragte: »Freust du dich, auf die Erde zu reisen?« Ich konnte nicht erkennen, ob es eine Frau oder ein Mann war. Genauso wenig bei der anderen Stimme, die antwortete: »Ja, ich bin voller Freude, ich kann es kaum erwarten. Endlich darf ich etwas lernen. Hier ist alles so harmonisch und perfekt, sorgenfrei, voller Liebe, da kann einem langweilig werden. Ich will gefordert werden, damit ich wachse. Das geht nicht in der Komfortzone. Wo ist da der Antrieb?« Viele Stimmen lachten glockenhell.

Ich sah keine Körper, keine Formen. War dies der Zustand vor der Geburt?

Dann fragte die Stimme, die wohl auf die Erde reisen würde: »Okay, wer übernimmt die Rolle des Bösewichts? Von einem Mann, der mir das Herz bricht, damit es sich öffnet und ich die Liebe zu mir selbst neu entdecke?« Schweigen. Meine Hand blieb schlaff im Popcorn liegen. Ich weinte, noch bevor sich das von Nic versprochene Happy End zeigte. Dann hörte ich eine neue Stimme: »Das mache ich natürlich. Du weißt, wie sehr ich dich liebe.«

»Danke, ich wusste, dass du diese doofe Rolle für mich übernimmst. Nur mein bester Freund würde so etwas für mich tun. Danke.«

»Ich hoffe, du wirst mir vergeben können. Ich hoffe, du erinnerst dich an diese Vereinbarung.«

»Das hoffe ich auch.«

Es blitzte kurz auf, dann sah ich zu, wie ein Stern entschlossen vom Himmel fiel. Und ich kippte auf den Teppich.

Diese Erkenntnis musste ich im Liegen verdauen. Ich atmete. Dann ließ ich den Gedanken langsam in mir zu: Ja, was wäre, wenn dieser Mann die beschissenste Rolle in meinem Leben aus Liebe für mich eingenommen hätte? Dann müsste ich vergeben und dankbar sein. Was wäre, wenn ich noch gar nicht bereit war für die Liebe und das Vertrauen? Dann hätte ich auch Nic besser verstanden, als er sagte: Das Leben ist immer für dich, nicht gegen dich. Es will immer nur dein Bestes.

Auch wenn mein Verstand diese Information nicht greifen konnte, jubelte mein Herz: Schön, dass du dich dafür öffnest, das Leben anders zu sehen. Mit den Augen der Liebe.

6.

Was willst du wirklich, wirklich, wirklich?

Alexa spielte meinen aktuellen Lieblingssong »Flowers« von Miley Cyrus laut in Dauerschleife. Ich wackelte und summte dazu vor meinem Herd, während ich mir ein Spiegelei briet. Auch wenn ich immer dachte, es wäre Selbstbetrug, als Single glücklich zu sein, gab es diese erfüllten Momente mit mir. Sie hielten nicht permanent an, aber sie waren auch keine Erfindung von Happiness Coaches. Vor allem, wenn ich mich von allen Vorstellungen befreite, wie ein Leben zu sein hatte.

Immer wenn ich mir Zeit für mich nahm, entwickelte sich alles zu meinem Besten. In der Überforderung des Alltags war ich nie gewachsen, aber in der Intensität des Alleinseins fühlte ich mich auch isoliert. Ich hatte gelesen, dass man Einsamkeit nur in den Momenten mit sich selbst loswerden kann. Es klang wie ein Paradox, aber ich fühlte es, als ich diese Ode auf die Selbstliebe mitsang: »I can buy myself flowers.« Warum erwartete ich, dass mir jemand Blumen schenkte, wenn ich sie mir selbst kaufen konnte, um mich daran zu erfreuen?

So beschwingt las ich die tägliche Mail von Nic und war froh, dass es heute endlich nach draußen ging.

Guten Morgen, liebe Sophie,
deine Reise führt in die Natur. Fahre an den Stadtrand und gehe in den Wald. Eine Karte habe ich dir als PDF angehängt. Egal, was passiert, versuche, bei dir zu bleiben. Höre keinen Podcast und versuche, deine Gedanken gegen Sinneswahrnehmungen auszutauschen. Geh nicht spazieren, sondern tauche in deine Umgebung ein. Von Herzen, Nic

Ich liebte die Natur, doch manchmal wusste ich nicht, was ich da allein machen sollte. Es war so eine romantische Vorstellung, sich niederzulassen, aber dann bekam ich einen nassen Po oder zuckte bei jedem Knacken zusammen. Obwohl ich Tiere mochte, musste ich keinem Wildschwein in freier Wildbahn begegnen.

Doch ich wollte dem Wald und dem Abenteuer vor der eigenen Haustür eine neue Chance geben. Oft hatte ich überlegt, ob ich aufs Land ziehen müsste, um natürlich zu leben. Doch wäre ich dann einsam? Würde ich es vermissen, meine Freundinnen spontan auf einen Kaffee zu treffen, in eine Ausstellung oder ins Kino zu gehen?

Ich packte meinen Rucksack mit Wasser, Müsliriegeln und einem Apfel. Mein Smartphone ließ ich zu Hause und druckte nur die Karte aus. Ein ungewöhnlicher Schritt für mich. Ich war es gewohnt, immer erreichbar und auf dem neusten Storystand bei Instagram zu sein. Würde ich etwas verpassen? Oft spürte ich auch den Druck, besonders schöne Momente auf Social Media zu teilen. Aber war es ein schöner Moment, wenn ich ihn durch eine Story unterbrach?

Als ich bereits über eine halbe Stunde in der S-Bahn saß, um in den Wald zu reisen, schaute ich mich um. Alle Leute um mich herum starrten auf ihre Smartphones. Ich konnte in keine Augen schauen und blickte stattdessen aus dem Fenster, wo die Häuser vorbeiflogen. Ich fühlte mich mit nichts hier verbunden und es kam mir unnatürlicher als sonst vor. In mir herrschte beobachtende Stille.

Ich stieg aus und stand nach wenigen Schritten im Wald. Die Luft atmete sich leichter und der Boden fühlte sich weicher an. Die Geräusche der Natur, das Rascheln und Zirpen, beruhigten mich, weil sie etwas Beständiges hatten.

Ohne alles und vor allem ohne Agenda in den Wald zu gehen, fühlte sich beinahe nackt an. Das war mein natürlicher Lebensraum und doch saß ich die meiste Zeit hinter Steinmauern und schaute auf Bildschirme? Mich überkam eine Traurigkeit, in die sich Sehnsucht mischte. Dazu Schuld. Hatte ich die Natur genug geachtet und geschont? Sie sollte mir zur Verfügung stehen, wenn ich reiste – aber sie war überall. Immer. Auch in der Stadt.

Ich dachte an mich und die vielen Momente, in denen ich meine Natürlichkeit verdrängt und etwas Künstliches vorgezogen hatte: In einer lauten Bar einen Cocktail trinken, anstatt bei Mondschein spazieren? Welches Lebewesen ist dafür

gemacht? Das moderne Leben war bequem und ich hatte es oft genossen – aber welchen Preis ich dafür zahlte, wurde mir immer bewusster. Es entfernte mich von mir selbst.

Ich zog meine Schuhe aus, und auch wenn es kalt war, fühlte ich die Lebendigkeit, die sich in meinen Füßen und schließlich im ganzen Körper ausbreitete. Ich verließ die ausgetretenen Wege und ging mitten in den Wald. Ich ließ meinen Körper laufen, weil ich eh keinen Plan hatte. Ich sollte nirgendwo hin oder sein. Auf der Karte war nur der Wald eingezeichnet, sonst kein Weg oder anderer Ort.

Ich nahm auf den Wurzeln von einem Baum Platz, und als ich mich anlehnte, fühlte ich im Rücken den Halt. Meine Füße auf den Wurzeln gaben mir das Gefühl, mit dem verbunden zu sein, wohin die Wurzeln wuchsen, tief in die Erde. Ich ließ los und atmete. Ich war erstaunt über mich selbst, weil sich kaum Gedanken einmischten. Ich erholte mich von meinem Gedankenkarussell, in dem ich schon so oft gefahren war, dass mir schwindelig wurde. Erholsame Neutralität zu allem stellte sich ein.

Ich weiß nicht, wie lange ich so dasaß. Es erschien mir, als gäbe es keine Zeit. Als wäre ich Alice im Wunderland, die an einen Ort gerutscht war, wo andere Regeln galten.

Ich schreckte auf, weil mich etwas am Fuß kitzelte. Als ich die Augen aufriss, sah ich ein Eichhörnchen und atmete erleichtert auf. Es hüpfte zwischen meinen Füßen umher, als wollte es etwas von mir. Wie es neuerdings meine Art war, redete ich mit dem Tier. »Ah, wer bist du denn?«

In meinem Kopf hörte ich plötzlich eine Stimme: »Das weißt du doch. Ich bin ein Eichhörnchen. Dein Krafttier.«

Ich lachte auf. Ein Eichhörnchen als Krafttier? Da stellte ich mir eher einen Bären oder eine Löwin vor. Auf jeden Fall etwas Gewaltigeres als ein einfaches Waldeichhörnchen.

»Unterschätze nicht die kleinen Dinge«, hörte ich und strengte mich an, noch genauer zuzuhören.

»Wir Eichhörnchen sind zwar klein, aber unsere Stärke liegt woanders, eher im Unsichtbaren. Wir wissen genau, wie wir für uns sorgen, wie wir Vorräte anlegen, damit wir immer genug Energie haben.«

Ich nickte und beobachtete, wie ich mit dem Tier weitersprach. »So habe ich das noch nie gesehen.«

Das Eichhörnchen rannte nun den Baumstamm hoch und schaute mich von einem Ast herab an. »Wir wissen immer genau, was wir wollen. Wir haben klare Ziele. Und du?«

Ich setzte an, um flapsig zu antworten, was ich immer sagte, wenn mich jemand nach meinen Plänen und Visionen, meinen Vorstellungen fragte: Millionärin sein wäre cool, aber ich wäre auch mit meinem Traummann zufrieden. Aber das Eichhörnchen war schneller. Es rannte wieder herunter und bäumte sich vor mir auf: »Nein, nein, was willst du wirklich, wirklich, wirklich?«

Als ich nicht antwortete, wippte das Tier mit dem Kopf, und das erschien so lustig, dass ich es weniger nervig fand. Ich mochte es nicht, wenn jemand mir bohrende Fragen stellte. »Tauche tiefer in dir«, sagte da das Eichhörnchen.

Alles, was ich erwidern konnte, war: »Ich weiß es nicht.«

Obwohl das eine unbefriedigende Antwort für mich war, sah das Eichhörnchen zufrieden aus und sagte: »Das ist eine wichtige Erkenntnis. Von hier aus kannst du weitergehen.«

Schwupps, rannte es davon und ließ mich mit der offenen Frage zurück. Und obwohl es gar nicht mehr da war, hörte ich es wie einen Coach in meiner Welt der inneren Stimmen: »Lerne, die offenen Fragen zu lieben.«

Ich stand auf und fühlte mich freier, auch ohne Ziel. Ich streifte absichtslos zwischen den Bäumen umher und fühlte mich auf eine eigenartige Weise unterstützt, weil ich hier so sein konnte, wie ich war. Ungeschminkt. Ein Baum würde mich nie bewerten und er blieb am selben Platz, selbst wenn er abstarb.

Ob sich der eine Baum mit dem anderen unterhielt? Ich hielt kurz inne und lauschte. Ohne es zu wissen, spürte ich eine leise Verbindung, ein unsichtbares Netz, so fühlte es sich an. So, als wäre das hier eine Welt, die auf andere Weise kommunizierte, und ich dachte bei mir: Ich will diese Sprache lernen.

Ich hatte das Gefühl, meinen Ort wechseln zu wollen, und streifte weiter durch den Wald. Ich überlegte: Wie verhalte ich mich hier? Ich wollte nicht stören, weil es hier so friedlich war. Ich empfand Dankbarkeit, weil sich diese sorgenfreie Ruhe auf mich übertrug. Wie erholsam, nicht an Vergangenes zu denken und nicht in die Zukunft zu schauen.

Aber Moment, ich sollte ja sagen, was ich im Leben wirklich wollte. Ich ging meine innere Liste durch. Ich wollte stressfreier arbeiten und einen Job machen, in dem ich kreativer sein konnte. Ich wollte aber auch finanziell sorgenfrei sein. Immer wieder spielte ich durch, wie es sein würde, selbständig zu arbeiten, ohne Chefs und Chefinnen. Ich wollte eine erfüllende Beziehung auf Augenhöhe. Ich wollte eine ru-

higere Wohnung mit Balkon und Blick in die Natur. Ich wollte meine körperliche Form finden. Und ich wollte mehr Spaß!

Nachdem ich dies alles durchdacht hatte, kam mir wieder die Stimme des Eichhörnchens dazwischen: »Sophie, was willst du wirklich, wirklich, wirklich?« Ich war etwas genervt. Hatte ich mich nicht klar ausgedrückt? Das waren doch realistische Wünsche!

Ich ging ein paar Schritte und hörte wieder die Stimme: »Bleib stehen und spüre den Boden unter deinen Füßen.« Ich hielt an, fühlte wieder den Boden, dieses Mal mit Schuhen, aber den Kontakt konnte ich trotzdem sehr deutlich wahrnehmen, und je mehr ich mich da hineinsinken ließ, umso gehaltener fühlte ich mich.

Ich atmete ein paarmal tief ein und aus und merkte, wie mir die Tränen kamen, weil das Gefühl der Verbindung stärker war als alle meine Gedanken. Ich wollte das Weinen erst unterdrücken. Aber warum? Die Bäume würden mich nicht bewerten. Höchstens das Eichhörnchen. »Schau mal in die Weite des Himmels.« Ich blinzelte, und durch den Tränenfilm sah ich, wie die Wolken vom Wind über den Himmel geblasen wurden. Ich schaute länger und merkte, dass der Himmel immer gleich blieb. Die Wolken, das waren ja meine Gedanken und Gefühle, erinnerte ich mich. Sie kamen und gingen wie Sinneseindrücke. Doch die Leinwand blieb. Ich überlegte eine Weile: Was wäre, wenn meine ganzen Ideen und Visionen wie die Wolken wären? Was lebte dahinter? Ich atmete aus und ging weiter.

Dann kam mir die Antwort fast wie von selbst, nur ein Wort. Und ich wollte es dem Eichhörnchen sagen, weil es so

bohrend nachgefragt und mich zur Wurzel gebracht hatte. So schnell hatte ich noch nie Erkenntnisse für mich gefunden. Vermutlich konnte man diese Antworten nicht wirklich zu Hause auf dem Sofa finden?

Ich lief zurück zu dem Baum, wo es aufgetaucht war, und da saß es, nagte an einer Eichel. Als es mich sah, fragte es deutlich: »Sophie, hast du eine Antwort gefunden?«

Ich nickte, etwas unsicher, ob sie reichen würde. Selten hatte ich das Gefühl, etwas richtig gut zu machen. Ich fühlte mich meistens nicht gut genug. Aber, hey, einem Eichhörnchen konnte ich es sagen: »Liebe!«

Ein wenig stolz auf mich und erleichtert sah ich das kleine Tier hüpfen und dann hörte ich: »Das ist es! In der Tiefe suchst du nach Liebe, so wie alle Wesen. Und bedenke: Diese Liebe ist bedingungslos, überall und immer. Du findest sie in jedem Moment in dir. Also, hör auf zu suchen!«

Ich wollte mir die Worte aufschreiben, stattdessen warf ich dem Eichhörnchen eine Kusshand zu. In Windeseile verbuddelte es die Eichel und rannte in die Baumkrone. Ich wusste, ich würde es nicht wiedersehen. Aber vielleicht hören. In der Zwischenzeit beschäftigte ich mich mit der nächsten Frage: »Wie konnte ich diese innere Liebe für mich erschließen?« Erstaunt über mich selbst, erlaubte ich mir, diese Frage offenzulassen. Nicht heute, sondern zur rechten Zeit würde ich die Antwort wissen.

Als ich in der S-Bahn nach Hause fuhr, schaute ich mich wieder um und dachte: Was wäre, wenn es uns allen um das Gleiche ginge? Wenn wir es auf verschiedene Arten in der Welt suchten, aber dort gar nicht finden konnten. Dann hät-

ten wir viel gemeinsam. Dann wären wir alle verblendet. Mein Blick auf die Welt fühlte sich milder und versöhnlicher an.

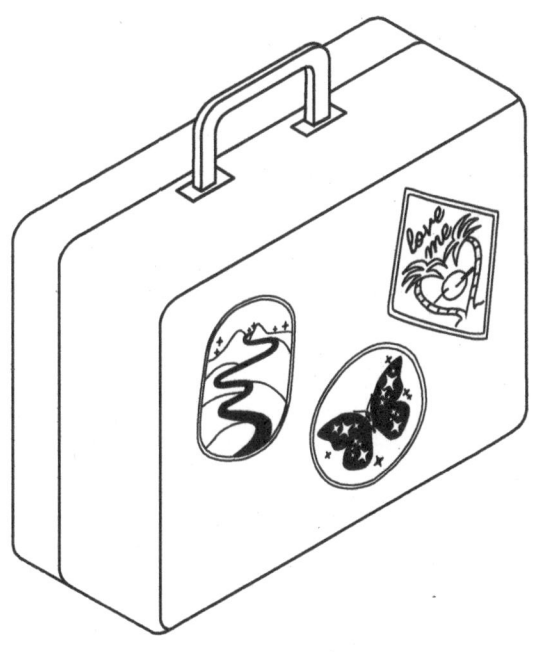

7.
Magie für den Alltag

Als ich mich am Morgen in meinem Bett räkelte, fühlte sich mein Körper nach Muskelkater an. Dabei hatte ich mich im Wald nicht verausgabt. Aber vielleicht war ich auf eine andere Art gewachsen? Langsam machte mir diese magische Reise Spaß, denn so viel Neues konnte man nicht einmal in Paris entdecken – eine Stadt, in der ich gern eine Zeit lang gelebt hätte, um alle Kunstausstellungen zu sehen und viele Croissants durchzutesten. Aber das Innere bot so manche Aha-Erlebnisse, die inspirierend waren wie der Anblick eines Kunstwerks.

Gleichzeitig fühlte ich mich verkatert wie nach einer Partynacht, und alles, was gestern passiert war, kam mir mit dem Verstand betrachtet wie ein Traum oder ein Rausch vor. In mir regten sich Zweifel: Kann es das denn sein? Ist Liebe die Antwort auf alles und finde ich sie in mir? Es fühlte sich danach an. Reichte das als Beweis?

Ich setzte mich mit dem ersten Mandelmilchkaffee wieder ins Bett und hörte meinen Wake-up-Song »Sunrise« von Norah Jones. Ich ließ den Tag beginnen. Mir kam in den Sinn, dass ich nie gut darin war loszulassen. Dass ich an allem Al-

ten hing: Diese Tasse in meiner Hand hatte ich zum Abitur geschenkt bekommen. Sie hatte ein Gesicht und sagte: Moin. Fand ich die noch schön? Nee, sie war nie mein Humor. Aber sie gehörte zum Inventar. Was wäre, wenn es in meiner Wohnung nur noch Dinge gäbe, die ich wirklich schön fand? Kleidung, die passte und nicht irgendwann wieder passen würde. Essen, das mich wirklich nährte, und Farben, die mich fröhlich stimmten? Und was schlummerte noch im Inneren, das ich ausmisten konnte? Das war schwieriger zu greifen, weil ich es nicht jeden Tag sah wie die zehn angebrochenen Shampooflaschen im Bad oder die verstaubten Bücher im Regal.

Doch noch war ich auf der magischen Reise, das Ausmisten konnte warten. Ich schaute in die Mail von Nic und staunte darüber, dass wir synchron waren … ich und seine Aufgaben:

Liebe Sophie, guten Morgen!
Heute ist ein guter Tag für einen guten Tag. Wenn du nach Momenten suchst, in denen du dir jeden Tag begegnen kannst, um dich im Inneren zu sortieren, wirst du diese Aufgaben lieben. Das geht einfach. Bewusste Routinen unterstützen dich dabei, dass du dir selbst einen Rahmen schaffst, indem du dir begegnest. Auch damit du es nicht vergisst. Wie Zähneputzen. Aber es ist wichtig, dass du deine eigenen Rituale findest, sonst machst du sie nicht. Ich habe dir dazu eine Kiste geschickt, die dich inspirieren könnte. Viel Spaß dabei! Von Herzen, Nic

Wenig später klingelte es an der Tür und die immer lächelnde Botin mit den pinken Turnschuhen brachte ein großes Paket, das in Goldpapier eingepackt war. »Haben Sie heute Geburtstag?«, fragte sie.

Ich nickte – obwohl mein Geburtstag im Sommer war. Aber wieso sollte heute nicht mein Ehrentag sein!

Wie ein Kind an Weihnachten nahm ich das Paket entgegen und hockte mich damit direkt auf den Boden, um es auszupacken. Als ich es öffnete, flog mir ein Herzluftballon entgegen. Darunter fand ich eine Yogamatte, eine nach Rose duftende Kerze, ein Tagebuch, ein Kartenset, ein goldenes Körperöl und viele Bücher, die sich mit dem Thema Rituale und der Erschaffung eines magischen Morgens beschäftigten.

Alles sah so schön und mit Liebe gemacht aus. Ganz unten fand ich einen Brief von Nic: »Liebe Sophie, du hast es verdient, glücklich zu sein. Du findest die Schönheit im Alltag, in kleinen Dingen. Wie fühlt es sich an, wenn du diesen Morgen damit beginnst, dass du es dir gemütlich machst: Zünde die Kerze an, spiele deine Lieblingsmusik, ziehe eine magische Karte und schreibe in dein Tagebuch. Anschließend kannst du Yogaübungen machen und nach der Dusche massierst du das goldene Körperöl ein und liest die Bücher. Wie fühlt sich das für dich an?«

Wenn nicht Urlaub gewesen wäre, hätte ich wahrscheinlich gedacht: Das schaffe ich nicht! Ist das nicht etwas, was man am Sonntag macht? Aber nun hatte ich Zeit, mich darauf einzulassen. Draußen prasselte der Regen an die Fensterscheibe und drinnen stellte sich dieses wohlige Gefühl ein, trocken und warm zu sein. Es gab keinen Grund, irgendwo anders

zu sein, und meine innere Zerrissenheit wandelte sich in ein wohliges Dasein.

Mit diesen ganzen Selbstliebespielzeugen für Erwachsene konnte ich es besser aushalten, als allein zu sein. Zuvor hätten meine Gedanken mich durch den Tag gescheucht, am Ende hätte ich auf dem Sofa gesessen und wäre komplett überzeugt gewesen, dass ich die einsamste Frau der Stadt war. Mein Mantra: Keiner liebt mich. Bin ich überhaupt liebenswert? Die Zeit läuft davon. Bald bin ich alt. Es war so schwierig, diesem Druck zu entkommen. Diesem Gefühl, dass man als Frau nur zählte, wenn man jung und attraktiv war. Oder alt und weise. Aber was war mit den Zwischenfrauen, wenn sie keine Kinder, keinen Partner und keinen Traumjob hatten? Dann erschien alles nur eine Zwischenlösung und ich fühlte mich oft unsichtbar. So wollte ich nicht mehr leben!

Ich blieb auf dem Boden, zündete die Kerze an und wünschte mir dabei etwas: »Ich möchte mich heute gut mit mir fühlen. Ich bin heute meine beste Freundin.« Dann wählte ich bei Spotify eine Playlist mit dem Namen »Selflove & Selfcare« und zog eine Karte aus dem Set, bei dem es um Göttinnen ging.

Auf jeder Karte war eine andere Göttin aus einer anderen Kultur abgebildet, die für bestimmte Werte und Eigenschaften stand. Ich hielt die ägyptische Göttin Isis in der Hand, die ein bisschen wie eine Mischung aus Kleopatra und der Sphinx aussah und mich aus mitfühlenden, furchtlosen Augen anschaute. Darüber stand das Wort: »Mutterliebe«.

Erst zuckte ich zusammen. Ging es um meinen bisher unerfüllten Kinderwunsch? Doch dann las ich, was da noch

stand und mir empfohlen wurde: »Kümmere dich um dich selbst wie eine Mutter um ihr Kind. Sorge gut für dich.« Ich ließ die Karte sinken und saß eine Weile da. Erst später merkte ich, dass mir schon wieder die Tränen übers Gesicht liefen. Aber dieses Mal hatte es etwas Befreiendes. So als würde ich eine lang vermisste Freundin wiedersehen und mich freuen, sie zu umarmen und zu hören, wie es ihr ging. Mit diesem Bild hatte ich eine Vorstellung, wie ich für mich da sein könnte.

Ich nahm das Tagebuch und schrieb eine Frage auf: »Wie geht es dir, meine Liebe?« Dann hielt ich kurz inne und gab mir selbst die Antwort. »Mir fehlt der Halt. Ich weiß nicht, wo ich mich anlehnen soll. Ich bekomme mich nicht mehr sortiert. Gefühlsachterbahn und Gedankenchaos. Wo soll ich mich da finden? Ich fühle mich allein damit, weil ich nicht weiß, wer mich unterstützen kann. Ich möchte aber nicht um Hilfe fragen, weil ich mir dann bedürftig vorkomme, und das will ich nicht sein.« So schrieb ich fast wie von selbst und merkte, was ich mir in Gedanken nicht hätte klarer formulieren können.

Als ich alles aus mir herausschrieb, passierte das, wonach ich mich sehnte: Ich konnte klarer denken und fühlen. Ich fühlte mich nicht mehr so allein mit mir. Das Papier war mein Zeuge und ich selbst hörte mir zu. Mein Inneres bewegte sich und das fühlte sich besser an als die Starre der Wochen und Monate zuvor. Nachdem ich mich ausgeschrieben hatte, schaute ich auf die Yogamatte.

Ich hatte das Gefühl, dass es mir guttun würde, nun auch meinen Körper zu bewegen. Ich überlegte, ob ich mir ein YouTube-Video mit einer Yogastunde suchen sollte, doch in mir

regten sich Widerstände. Es war nicht der innere Schweinehund, ich war nicht faul. Aber ich wollte mich so bewegen, wie ich es fühlte. Das konnte mir niemand vorturnen.

Zum ersten Mal nahm ich das so wahr und gab mir selbst die Erlaubnis, besser gesagt meinem Körper, sich selbst zu bewegen. Egal, wie das aussah. Ich kreiste meine Hüften, schüttelte meine Arme und dehnte meinen Nacken. Ich merkte, wie ich Vertrauen fasste, dass mein Körper schon wusste, welche Drehung nützte, um die ganzen Altlasten loszuwerden und mich aus der Erstarrung zu befreien, die mir erst in der Bewegung bewusst wurde. So löste ich die Bremse und ließ alles geschehen. Ich beobachte mich, wie ich anfing zu summen, laut auszuatmen, auf den Boden zu stampfen. Ich hatte ein Ventil geöffnet und lachte zwischendurch, weil es so befreiend und unglaublich albern war.

Ich weiß nicht mehr, wie lange die Bewegungswelle dauerte. Danach hockte ich mich hin, hörte mein Herz schlagen, was sich sehr lebendig anfühlte, und wartete, bis ich allmählich wieder entspannter atmete. Ich sagte zu mir: »Sophie, so entspannt kenne ich dich gar nicht.« Gleich danach dachte ich: Oje, nun fange ich mit Selbstgesprächen an.

Unter der Dusche spülte ich alles ab, was an mir klebte: Schweiß, Tränen und Wut. Danach ölte ich mich ein und ließ mich von dem Duft der Rose betören. Eine sinnliche Erfahrung, die in mir die Sehnsucht weckte, noch mehr zu genießen. Vor allem Zeit mit mir. Wenn ich die Sorgen vergaß, und sei es auch nur für diesen einen Morgen, öffnete sich bestimmt ein stiller und sicherer Raum. So konnte ich weitergehen, Schritt für Schritt.

8.

Freiheit ist ein Ort in mir

Ich nahm den Stift in die Hand, aber die Worte flossen nicht. Ich schloss die Augen und wollte meinen Atem finden, traf aber stattdessen auf lauter wilde Gedanken, die mich innerlich so aufwühlten, dass es angenehmer war, aus dem Fenster zu gucken und zu beobachten, wie die Müllabfuhr die Eimer leerte. Dann klingelte es an der Tür, und ich war fast erleichtert darüber, mit jemandem zu sprechen, auch wenn es nur darum ging, ein Paket für die Nachbarn im ersten Stock anzunehmen.

Diese ganzen Routinen, die Halt geben sollten, waren mir von einem Tag auf den anderen eine Last geworden. Ich hatte schon genug Routinen. Gehörte es wirklich zu einem erfüllten Leben, dass man jeden Tag aufs Neue dieselben Dinge machte? Würde ich dafür Zeit haben, wenn ich mit meiner eigenen Familie lebte? Würde ich überhaupt eine Familie haben? Die Flut der Fragen stieg an und überrollte mich und ich wollte nur noch weg.

Ich zog mir meinen gelben Regenparka über. Fest entschlossen, in das nächste Café zu gehen und von dort eine Freundin anzurufen, um zu fragen, ob sie Zeit für einen Cappuccino habe. War es eigentlich Teil der magischen Reise, nie-

manden zu treffen außer Eichhörnchen und sich selbst? Wo waren die Regenbogen und Einhörner, wenn man sie im Grau des Tages brauchte?

Dann erschien Nics Mail auf meinem Sperrbildschirm vom Smartphone.

Liebe Sophie,
du bist fast auf dem Berg. Die Aussicht von dort oben ist grandios. Der Abstieg wird umso leichter. Heute geht es für dich an einen anderen Ort. Tapetenwechsel ist immer gut, wenn dich der Alltag zu sehr gefangen nimmt. Dein Zug fährt in einer Stunde. Du findest die Tickets und die Schlüssel zu einem kleinen Haus in deinem Briefkasten. Von Herzen, Nic

Mein Herz machte einen Sprung. Raus! Schnell packte ich Zahnbürste und Wechselwäsche für eine Nacht ein und rannte die Treppe hinunter zum Briefkasten. Dort fand ich ein Ticket, das mich ins Umland von Hamburg führte. Dort, wo Apfelbäume im Frühjahr blühten und sonst nicht viel los war.

Auf der kurzen Zugfahrt genoss ich das vermisste Reisegefühl und mir wurde bewusst, dass ich gar keine Aufgabe hatte. Ich schrieb Nic eine Nachricht im Chat und er antwortete: »Du wirst sehen, was zu tun ist und was nicht.«

Mit dem Ticket hatte ich auch die Adresse zu dem Haus erhalten, das ich für knapp zwei Tage bewohnen sollte. Ich fand es über Google Maps und sah drum herum nur Grün in Form von Bäumen, Wiesen und Sträuchern, keine weiteren Häuser. Dass es so etwas überhaupt noch gab. Ein bisschen mulmig wurde mir schon. So isoliert. War das gefährlich? Wenn ich in meiner Wohnung einschlief, hörte ich immerhin die Nachbarn um mich herum mit Geschirr klappern. Und sie würden mich im Notfall auch hören. Aber hier?

Zu Fuß war ich zu dem Ort gepilgert und sah das Haus vor mir, das Erinnerungen an Märchen weckte. Würden die sieben Zwerge am Tisch sitzen? Es hatte Moos auf dem Dach und eine quietschende Tür. Der blau-rote Anstrich wirkte frisch und durch die Fenster schien die Sonne auf den Holzboden. In der Küche hingen Kräutersträuße zum Trocknen am Balken. Auf dem Sofa lag ein aufgeklapptes Buch über Permakultur.

Es sah aus, als wäre die Hexe, die hier wohnte, gerade Pilze sammeln und würde gleich zurückkommen, um ein Feuer im Kamin zu machen und eine Suppe zu kochen. Sogar die Asche war noch da.

Ich erschrak, weil etwas an meinen Unterschenkeln kitzelte. Ich stolperte zurück und sah eine kleine graue Katze mit goldenen Flecken. Sie miaute leise und schaute mich so eindringlich an, dass ich mich schier durchleuchtet fühlte. Dann hörte ich nur noch die Katzenklappe und sie war weg. Ich ließ meinen Rucksack fallen. Hatte ich sie erschreckt oder sie mich?

Ich war mir nie sicher, ob ich ein Katzen- oder Hundemensch war. Auf jeden Fall wollte ich nie ein Tier in der Stadt halten, sondern nur wenn ich in einem Haus wie diesem leben sollte. Was auch wie ein romantischer Traum von mir

erschien: Raus aus allem, das eigene Ding machen, Möhren frisch aus der Erde ziehen und abends Kräutertee trinken. Aber war ich dafür zu jung? Würde ich so den Moment verpassen, eine Familie zu gründen oder Karriere zu machen? Oder ginge das trotzdem? Meine Gedanken hörten sich lauter an, denn es war so still, dass ich den Wind durch das Fenster pfeifen hörte, und die Fliegen, die durch das Zimmer surrten, klangen wie Hubschrauber.

Ich wischte die Gedanken wie die Fliegen mit einer Handbewegung weg und erkundete die anderen Räume. Im Wohnzimmer fand ich den Kamin und eine Hängematte mit Schaffellen. So gemütlich! Als ich mich reinlegen wollte, erkannte ich, dass ich nicht allein war. Ein weißes Fellbündel schaute mich mit Katzenaugen an. Vor dem Kamin räkelte sich ein braunes Tier mit schwarzen Füßen.

Ich war offensichtlich umgeben von Katzen und dachte: Will Nic aus mir eine Cat Lady machen? Und würden die Stubentiger mich überhaupt akzeptieren?

Auf dem Wohnzimmertisch fand ich einen Zettel mit meiner Aufgabe: »Willkommen, liebe Sophie. Die Hausbesitzerin ist für eine Nacht nicht da und bittet dich, ihre Katzen zu füttern. Fühl dich wie zu Hause.« Dies schien mir eine leichte bis lustige Aufgabe. Vielleicht sollte ich mich entspannen? Ich füllte die Näpfe der Katzen mit frischem Wasser und Katzenfutter, das ich im Küchenschrank fand.

Dann ließ ich mich auf das Sofa sinken und scrollte in meinen Social-Media-Accounts. Es gab nichts zu tun und ich ließ mich in Scheinwelten ziehen. Sie zogen mich immer noch an. Als ich schon fast dabei war, eine besondere Augencreme

gegen Falten zu bestellen, die eine Influencerin anpries, hörte ich ein lautes Miauen. Die weiße Katze schaute mich durchdringend an. Mir wurde etwas mulmig. Dennoch klopfte ich auf den Platz neben mir und sagte: »Komm, setz dich zu mir.« Ich sah sie ebenfalls an und versank für einen Moment in der Tiefe ihrer Augen. Dann sah ich die Katze wegrennen und hörte das Klappern der Katzenklappe. Sie überließ mich der Stille und mich überkam eine eigenartige Scham: Ich ließ zu, dass mein Moment daraus bestand, in eine kleine künstliche Kiste zu starren. Hatte sie mir zu verstehen gegeben, dass sie nur zu mir kam, wenn ich das Smartphone weglegte? Oder war sie scheu? Ich sah mich um: Alle anderen Katzen blieben verschwunden.

In mir machte sich wieder das lähmende Gefühl von Einsamkeit breit. Und des Verlassenwerdens. Eines der unangenehmsten Gefühle, das in mir Unsicherheiten weckte, während ich in Starre verharrte und Fragen in meinem Kopf kreisten, die niemand beantworten konnte: War ich gut genug? War ich liebenswert? Hielt es überhaupt jemand mit mir aus?

Es fiel mir schwer zu atmen und ich kam mir auch lächerlich vor. Nur weil die Katzen wegliefen, die ich ein paar Stunden kannte? Das konnte es nicht sein. Doch, ich erlebte einen akuten Rückfall. Mein schweres Herz zog mich zu Boden.

Ich lehnte mich zurück und versuchte, meinen Atem zu finden. Er entwich mir und machte, was er wollte: Er war viel zu schnell und zu laut. Er verengte mir die Brust und ich kam nicht zur Ruhe. Ich hielt mich am Sofa fest und wartete, bis die hohen Wellen abflauten. Dann rollte ich mich wie ein Fö-

tus zusammen und umklammerte mich selbst. Bis Ruhe einsetzte. Bis ich einschlief und die Tränen auf meinen Wangen verkrusteten.

Ich wachte auf, weil ich etwas an meinem Gesicht spürte, zart wie eine Feder. Schnurrend streifte eine braune Katze mein Gesicht mit ihrem. Ich schreckte auf und sah, dass die weiße Katze sich an meinen Füßen zusammengerollt hatte. Die Katze mit den goldenen Flecken lag vor der Tür, als würde sie diese bewachen. Sie schauten auf, als ich mich bewegte. Aber sie rührten sich nicht von der Stelle, sondern blieben. Bei mir. Und ich wunderte mich darüber.

Schon lange hatte ich mich nicht mehr so gefühlt, als sei ich liebenswert. An mir haftete dieses beschämende Gefühl, das ich mit niemandem teilte. Das Gefühl, dass mit mir etwas nicht stimmte und ich deshalb verlassen wurde. Diese tiefe Verunsicherung, dass es meine Schuld war, dass ich betrogen wurde, und es mit mir so unaushaltbar gewesen sein muss, dass jemand anderes leicht meinen Platz einnehmen konnte. Dieses Gefühl klebte auf meinem Herzen wie ein Kaugummi.

Ich konnte es genau fühlen, und es verstärkte sich, weil ich es glaubte und weil ich zuließ, dass ich mich selbst auch ablehnte. Eine schmerzende Erkenntnis, in die ich mutig eintauchte. Durch den Riss in meinem Herzen bis auf den Grund. Dort verweilte ich und fühlte, ich ließ es zu. Es brannte.

Als es kaum noch schlimmer werden konnte, hörte ich etwas in mir. Eine Stimme, die zu mir sagte: »Es ist ein Geschenk, mit dir zu sein. Und die passenden Menschen werden es annehmen können.« Erleichterung durchflutete mich,

und ich klammerte mich an den Satz wie an ein Seil, das mich wieder nach oben zog.

Als ich mit neuer Kraft durch den Riss auftauchte, öffnete sich etwas in mir. Ich atmete meinen inneren Raum weiter und fühlte mich wie ein Ozean. Es war ein nicht zu kontrollierendes Gefühl, das mich aber leichter fühlen ließ. Es änderte meine Perspektive, was sich entlastend anfühlte. Ein Ereignis neu zu sehen, anders darauf zu reagieren, veränderte viele Situationen des Lebens. Es brauchte nur eine Entscheidung, eine neue Haltung dazu. Das gab mir Selbstermächtigung.

Ich erinnerte mich nicht, wann ich mir zuletzt erlaubt hatte, einfach nur dazusitzen. Die Katzen inspirierten mich mit ihrer Präsenz dazu, nichts anderes zu tun, als einfach nur zu sein. Nichtstun, während sich in mir alles neu sortierte.

Nach einer Weile kamen die vermeintlichen Gedanken wieder wie ungebetene Gäste. Aber ich versuchte, nicht gegen sie anzukämpfen, sondern schaute sie mir genau an, aus meiner offenen und mir gegenüber wohlwollenden Perspektive. Was ging in meinem Kopf vor und warum? Als ich sie anschaute wie ein Objekt, lösten sie sich von selbst auf, weil ich ihnen keine gesteigerte Aufmerksamkeit schenkte, indem ich sie analysierte. Ich blieb sitzen und hörte zu, als würde das Radio im Hintergrund dudeln. Irgendwann schaltete es sich von allein aus und die Gedanken ertranken in der Weite des Ozeans.

Es fühlte sich befreit an. Ich fühlte mich befreit an, von diesem einengenden Korsett an Sätzen, die aus einer Mücke einen Zoo machten.

Ich merkte, dass da nichts war. Neutrale, entlastende Stille. Ich lächelte, weil ich es für ein paar Momente geschafft hatte, mit mir selbst zufrieden zu sein. In meiner Bubble, wo ich nichts anderes verarbeiten musste als das, was in diesem Moment passierte. Das war nicht viel. Ich spürte nur meine Energie und die der Katzen, die damit beschäftigt waren, ihre Pfoten zu lecken und zu schnurren.

Tiefer Frieden stellte sich in mir ein. Es fühlte sich so an, als würde ich auf einem Gipfel sitzen. So müde. So frei und voller Glück, diesen Weg gegangen zu sein. Denn sonst hätte ich nun nicht diese Aussicht. In mir öffnete sich ein Raum und er ließ mich Freiheit fühlen.

Zum ersten Mal seit vielen Wochen spürte ich so etwas wie Zuversicht und das Vertrauen, dass es irgendwo da draußen für mich einen Weg gab. Dass es Menschen für mich gab. Meine Aufgabe war es, nach vorne zu schauen. Nicht mehr zurück.

9.

Der innere Garten

———

»Nic, wie lange noch? Wie lange dauert es, bis sich etwas in meinem Leben ändert?« Ich musste ihn fragen, denn es beschäftigte mich. Auch wenn ich immer mehr verstand, dass ich mich im ersten Schritt selbst ändern musste, damit sich in meinem Leben etwas änderte und mich nicht immer dieselben Stolpersteine ausbremsten. Damit ich in einer heilsamen und nicht toxischen Beziehung wachsen konnte, damit ich mich innerlich frei und in Frieden fühlte – egal, was passierte. Damit ich mehr Liebe als Angst spüren konnte – egal, was passierte.

Mir fiel es schwer, dranzubleiben, da meine äußere Welt noch genauso aussah wie immer. Alles erinnerte mich daran, wer ich aktuell noch war, aber nicht mehr sein wollte. Das schale Gefühl haftete an mir, als ich wieder in meine Wohnung zurückkehrte, die genauso aussah, wie ich sie verlassen hatte: das aufgeschlagene Tagebuch auf dem Küchentisch, der wackelige Bücherstapel an der Wand und der leckende Wasserhahn.

Ich sah Nic schreiben, weil sich die drei Punkte bewegten, und starrte den Chatverlauf an, bis die Antwort kam:

Liebe Sophie,

ich möchte dir eine Geschichte vom chinesischen Bambus erzählen. Wenn du den Samen pflanzt, wird erst nichts passieren. Du sorgst dafür, dass die Saat genug Licht und Wasser bekommt. Du vertraust. Die ersten Jahre wirst du die Pflanze nicht sehen. Warum? Weil der Bambus zuerst die Wurzel ausbildet, bis sie stark und fest ist, damit der Bambus nicht umfallen oder leicht ausgegraben werden kann. Wenn das Fundament stark genug ist, wird er schnell in die Höhe schießen und kaum zu bremsen sein. Von Herzen, Nic

Ich verstand sofort, was mir Nic mit diesem Bild sagen wollte. Vielleicht sah man eine Zeit lang die Blüten und Früchte nicht, aber das bedeutete nicht, dass alle Mühen vergebens waren und das Leben stagnierte.

Es bedeutete nur, dass sich eine Stärke bildete, die nachhaltig war und auf der alles aufbauen konnte – schneller als vorher. Geduld, Sophie. Die Vorstellung entlastete mich, und ich verstand, dass ich nur mit einem Fundament wachsen konnte. Denn allein der Wille, dass sich etwas änderte, war zu schwach, es brauchte die Wurzeln, das Vertrauen, denn sonst wäre die Angst immer größer und der Zweifel mächtiger.

Veränderung machte mir Angst. Ich kannte mich. So oft hatte ich meine Wünsche und Ideen kleingeredet: Wenn ich eine Weltreise machen wollte, schlich sich die Kleinmacher-Ausrede-Stimme in mir an: »Sophie, wie hast du dir das vor-

gestellt? Du allein, als Frau? Die Welt ist gefährlich! Hast du keine Angst?«, fragte sie mich, und ich hatte nicht die passenden Antworten. Denn wie sollte ich wissen, wie es auf der anderen Seite aussah, wenn ich noch nie da gewesen war und auch den Weg nicht kannte? Ich wusste nicht, wie es war, allein zu reisen, weil ich es nicht getan hatte. Ich wusste nicht, wie es sich anfühlte, einen Job zu kündigen und selbständig zu arbeiten, weil ich es nie erlebt hatte. Ich wusste nicht, wie es sich anfühlte, lange Single zu sein und alle Entscheidungen nur für sich selbst zu treffen, weil ich die meiste Zeit meines Lebens in Beziehungen verbracht hatte.

In mir pochte die Sehnsucht, das alles zu leben und zu erfahren. Die Schwere abzustreifen und Leichtigkeit zu fühlen. Zu genießen. Aber ich wusste nicht, wo ich noch ansetzen sollte. Der Gedanke daran, alles sofort zu verändern, überforderte mich. Ich hatte Angst, einen Stein ins Rollen zu bringen, wodurch nichts mehr aufzuhalten war, ich auf offener See landete und nicht mehr in den sicheren Hafen des Bekannten zurückschippern konnte.

»Wie fange ich mit dem neuen Fundament an, Nic?«, fragte ich.

»Du vergräbst die Samen in der Erde und kümmerst dich um sie. Werde deine innere Gärtnerin.«

»Nic, hilfst du mir. Ich hatte nie einen grünen Daumen und möchte nicht alles allein machen. Ich möchte, dass es klappt. Bitte.«

»Ja, Sophie. Ich bin an deiner Seite. Lass uns deinen inneren Garten anlegen.«

»Okay, was muss ich dafür tun?«

»Schließe deine Augen und stelle dir vor, dass in dir ein innerer Garten zu finden ist.«

»Ich habe ihn, aber er sieht ziemlich wüst aus. Verwahrlost. So als hätte sich niemand darum gekümmert, schon eine Weile nicht.«

»Ja, du warst sicher mit anderen Dingen beschäftigt, Sophie. Da hast du wohl vergessen, zu gießen und Unkraut zu jäten.«

Ich lachte auf. Es klang zwar lächerlich, aber Nic hatte so recht. Ich hatte mich um alles gekümmert. Um meine Freundin, die einen Burnout hatte und so erschöpft war, dass sie keinerlei Entscheidungen mehr treffen konnte. Um meinen Vater, der sich von seiner dritten Frau trennte und noch nicht einmal seine Wäsche allein sauber halten konnte. Um den Hund meiner Nachbarn, die so oft unterwegs waren, dass ich aus Mitgefühl für den traurigen Dackel mit ihm Gassi ging. Um meine Kollegin, die immer das Gefühl hatte, zu kurz zu kommen, obwohl sie alle Freiheiten genoss. Und das alles noch neben Einkaufen, Putzen, Arztbesuchen, meiner Arbeit und diesen einzelnen, immer wiederkehrenden Momenten, die man braucht, um am Leben zu bleiben. Zum Glück kam und ging der Atem von selbst und das Herz pumpte stets unbeeindruckt weiter.

Vor lauter, lauter, lauter hatte ich mein Inneres einfach verwahrlosen lassen, weil es eben nicht so sichtbar war. Wenn man Augenringe hat, gibt es Concealer. Das Innere kann man verstecken und anderen immer sagen: Läuft. Wo war ich da aber geblieben, und wo war der Raum, wo ich gärtnern konnte?

Ich stellte mir vor, wie ich durch den Garten ging und mich erst einmal entschuldigte. Es war nie meine Absicht, dass es hier so hässlich aussah. So sah es auch nicht in meiner Wohnung aus, die immerhin grob geputzt und bis auf Bücherstapel relativ sortiert erschien. Ich wollte, dass es schnell vorzeigbar aussah.

Ich schnappte mir eine Harke und fing an, die alten Blätter zu harken und den Boden aufzulockern. Ich strich den Zaun fröhlich gelb und rupfte das Unkraut zwischen den Wegplatten heraus. Zum Glück ging das in Gedanken mühelos und ohne sich die Hände schmutzig zu machen. Doch bald spürte ich, dass es nur mühsam voranging. Das Unkraut ließ sich nicht ziehen und der Boden war verhärtet, voller morscher Wurzeln und hartnäckigem Efeu. Ich rupfte, zog und fluchte. Ich hielt nur die Hälfte der Pflanze in der Hand, wenn ich daran zog. Der Elan verflog und ich dachte: Mir würde auch ein Balkon mit einem Blumenkasten und einem Kräuterbeet reichen.

Nic schaltete sich ein, ich hörte den Ping im Chat. Ich öffnete die Augen und las.

»Sophie, um deinen Boden zu bereiten, braucht es Frieden in dir.«

»Was meinst du damit? Ich bin ein friedlicher Mensch. Ich kann noch nicht einmal einer Spinne in meiner Dusche etwas zuleide tun.«

»Ich meine damit, dass du innere Kämpfe führst. Gegen dich und die Menschen, mit denen es nicht harmonisch lief in deinem Leben. Das ist Krieg.«

»Ist das nicht normal? Das machen doch alle.«

»Ja, und genau das ist das Problem. Wie soll Frieden auf der Welt und in deinem Leben herrschen, wenn an inneren Fronten gekämpft wird. Auf den Social-Media-Plattformen beschießen sich Menschen mit Worten, und im Inneren führen wir Kriege, indem wir andere abwerten und ihnen Schuld zuschieben. Dann spüren wir unsere eigene Unzufriedenheit nicht mehr. Aber es gibt Spaltung, Abgrenzung und Bewertung. Daraus entstehen Hass, Wut und im Extremfall Gewalt. Du sabotierst dich selbst. Also, fang bei dir an und bereite deinen Boden.«

»So habe ich das noch nie gesehen. Dann bin ich also mitschuldig an dem Hass in der Welt?«

»Nicht bewusst, Sophie. Aber denk darüber nach, die Waffen ruhen zu lassen. Entferne die Wurzeln des Übels langsam und in der Tiefe. Nimm die Härte raus. Dann wirst du sehen, dass es viel leichter ist, wieder neu zu beginnen. In Frieden mit dir selbst und anderen. Du willst doch auch, dass wunderschöne Pflanzen in deinem Garten sprießen, oder?«

»Wollen ist einfach, Nic, aber ich weiß nicht, wie ich das machen soll.«

»Es ist nicht so schwer. Versuche, zu verzeihen und alles mit den Augen der Liebe zu sehen. Nimm eine neue Perspektive ein und erkenne, dass du dich befreist, wenn du dir selbst und anderen vergibst. Und deine Vergangenheit ruhen lässt.«

»Das höre ich nun dauernd auf meiner Reise. Aber woher weißt du, dass es klappt?«

»Weil ich dieselbe Reise wie du gemacht habe. Der Weg ist für alle derselbe, auch wenn wir unterschiedliches Gepäck mitnehmen.«

»Was ist denn der Sinn? Wir leiden, werden enttäuscht, versuchen es wieder und hoffen auf das Beste im Leben?«

»Du sprichst von Leiden, aber was wäre, wenn du die Leiden als Erfahrungen siehst, die dich näher zu dir bringen?«

»Wie soll das gehen?«

»Indem du merkst, dass ein glattes Leben langweilig ist und du keine Motivation hast, aufzuwachen und zu erkennen, wer du wirklich bist. Du bist nicht das Leiden und der Schmerz. Auch nicht die Hoffnung. Du bist die Erschafferin deines Lebens und wächst jeden Tag mehr.«

»Das bedeutet, dass ich irgendwo in mir schon angekommen bin?«

»Du warst niemals weg.«

»Heißt dies, dass der Boden schon da ist? Dass ich wieder dort andocke und erkenne, dass es bereits eine Basis gibt?«

»Ja, so ungefähr. Denn wie willst du wachsen, wenn es keine Wurzeln und keinen Boden gibt? Dann fehlen dir Halt, Nährstoffe und das Vertrauen. Deswegen ist es sehr wichtig, dass die Basis stimmt und nachhaltig ist.«

»Also lege ich einen Biogarten an?«

»☺, Sophie, ja, leg los!«

Ich stellte mir vor, wie ich meinen Boden pflügte und jede Wurzel vom alten Gestrüpp entfernte. Natürlich! Wenn hier noch so viel altes Kraut wuchs, konnte nichts Neues erblühen. Die alten Wurzeln waren morsch, sie hielten nichts aus.

Ich wühlte mich durch den Dreck, und bei jeder Wurzel die ich berührte, wurde eine Erinnerung wach. Ich sah, wie

sich die Erfahrungen eingenistet hatten: Der Moment, in dem sich meine Eltern trennten. Der Moment, in dem meine Oma starb. Der Moment, in dem ich verlassen wurde. Es waren verschiedene Erlebnisse, aber immer wieder derselbe Schmerz. Eine Endlosschleife von Verlust. Und sie hatte in der Kindheit begonnen. Ich sackte im Beet zusammen, weil mich das Gefühl so hart traf. Ich fühlte eine bleierne Traurigkeit, die sich mit brennender Wut mischte. Ich blieb bei mir.

Ich hatte so viel Wut in mir, dass ich nicht wusste, wohin damit. Wo kam die überhaupt her? Aus dem Bauch. Ich fühlte weiter.

Ich versuchte, weiterzuatmen, und spürte, dass die Wut stark war.

»Nic, bist du da?«

»Ja, ich bin hier.«

»Es gibt da eine Wurzel, die ist hartnäckig.«

»Okay. Wofür steht sie?«

»Es geht um Verlust und Verlassenwerden. Es fühlt sich schlimm an. Ich kann nicht mehr atmen.«

»Das verstehe ich. All diese Erfahrungen von Verlust, Ablehnung und Enttäuschung, was war der Vorteil für dich?«

»Wie kann es einen Vorteil geben?«

»Stell dir vor, du schaust aus der Vogelperspektive auf die Situationen.«

Ich nahm mir einen Moment Zeit und sah mich mit sechs Jahren, sah, wie meine Welt zerbrach und es wie nach einer Brandrodung in mir aussah, als meine Eltern sich trennten. Wenn ich mir den Zeitstrahl anschaute, sah ich auch, dass meine Mutter und mein Vater danach friedlicher waren und

ich nicht mehr in die ewigen Diskussionen und Streits geriet. Ich saß nicht mehr in dicker Luft.

Als ich alles so durchratterte, kam mir ein neuer Gedanke, den ich laut aussprach: »Nic, alle Risse und Brüche haben gezeigt, was nicht zusammengehört, und haben den Weg für etwas Neues frei gemacht. Und das, was verbunden war, blieb verbunden. Nur auf eine andere Art. Ist es komisch, wenn ich dir sage, dass ich nach dem Tod meiner Oma das Gefühl hatte, dass sie noch näher bei mir ist. Mit ihrer ganzen Kraft. Für immer?«

»Deine innere Wahrheit ist nicht anzuzweifeln. Schau, du hast alle Antworten in dir, wenn du zuhörst und dich nicht selbst belügst.«

»Aber ein Teil von mir hat immer geglaubt, ich wäre nicht liebenswert und ich würde verlassen werden, weil ich schuld bin.«

»Ist das so? Bist du es nicht wert, geliebt zu werden?«

»Ich denke nicht.«

»Genau. Das ist etwas, was du über dich geglaubt hast.«

»Ja, aber was ist mit der Wurzel?«

»Was möchtest du lösen?«

»Ich möchte mich selbst lieben und erkennen, dass ich liebenswert bin.«

»Dann entferne die Wurzel der Schuld, Scham und der Selbstablehnung und pflanze etwas Neues.«

»Das geht?«

»Ja, es ist möglich. Alles ist möglich.«

Mein Wille vermischte sich mit der Wut und wurde so stark, dass sie mir die Energie gab, alles von rechts auf links zu drehen.

Ich ergriff die Wurzel und konnte gar nicht glauben, dass sie in meinem inneren Garten war. So dunkel und verrottet. So einsam lag sie da und hatte gar keine Funktion, außer Platz wegzunehmen. Sie war so tief und ausufernd, dass kaum etwas anderes wachsen und gedeihen konnte.

Entschlossen griff ich sie mit beiden Händen und sagte: »Danke, dass du mir zeigst, dass alles eine Illusion war.« Als ob dies ein Zauberspruch gewesen wäre, bewegte sie sich. Wie ein Wurm kroch sie davon. Damit sie nicht heimlich wiederkommen konnte, stellte ich mir vor, wie ich eine wunderschöne und einzigartige Rose in den Händen hielt, und setzte sie an die Stelle. Ich sah eine Knospe, ihre Farbe war noch unklar. Ganz vorsichtig und mit viel Liebe grub ich sie in die Erde.

Ich erzählte ihr, dass sie hier sicher sei und dass ich mich um sie kümmern würde. Ich holte frisches Wasser für sie und ließ die Sonne scheinen, indem ich an einen schönen Moment dachte und Helligkeit entstand. Dann sagte ich: »Du hast alle Zeit, die du brauchst, bis du blühst. Ich bin für dich da. Ich glaube an dich.«

In meinem Inneren empfand ich eine tiefe Liebe für alle Frauen, die ich einst war. Ist es Selbstvergebung, wenn man erkennt, dass man immer so gehandelt hat, wie es einem möglich war?

Ich wusch mir die Hände und öffnete die Augen. Ich ging in die Küche und kochte mir einen Hagebuttentee. Ich wartete gedankenfrei, bis er gezogen war, und setzte mich ans Fenster, schaute nach draußen in den grauen Hamburger Himmel und dachte, dass hinter der Wolkendecke immer die Sonne

schien. Diese Ruhe in mir fühlte sich so gemütlich an, dass ich komplett vergaß, dass ich schon für eine Weile allein war. Mir fehlte zeitweise wenig. Ich schmunzelte. Es fühlte sich neu an, es fühlte sich entlastend und frei an. Was jetzt noch wackelte, war das Vertrauen. Würde das Leben sich nun mehr auf meine Seite stellen?

10.

Ich, in der Zukunft

Stille. So lag ich im Bett mit mir. Ich genoss Ruhe um mich herum, in mir. In meinem Kopf blähte sich Leere, und ich atmete dort hinein, damit sie wuchs wie ein Ballon. Es fühlte sich nicht mangelhaft an, sondern als sei ich auf eine andere Seite gewechselt und als endete etwas, das mich lange gequält hatte. Vorsichtig, um nichts an dem neuen Zustand zu zerstören, stand ich auf und bewegte mich langsamer als sonst vom Schlafzimmer in die Küche, wo mein Laptop stand. Ich staunte, wie spät es war. Elf Uhr, so lange hatte ich ewig nicht mehr geschlafen.

Im Chat sah ich eine Nachricht von Nic. Es fühlte sich so gut an, dass da jemand war, der mich nicht bewertete, der an mich glaubte und der nur das Beste für mich wollte. Wie sollte ich jemals ohne ihn weitermachen? Wer würde so für mich da sein?

»Hallo Sophie, guten Morgen, hast du gut geschlafen?«

»Bin hier und fit.«

»Heute wirst du nicht allein reisen, denn ich möchte dir einen besonderen Menschen vorstellen. Ihr habt ein Blind Date.«

Mein Herz pochte. Ich freute mich und gleichzeitig dachte ich: Wollte ich jemand anderen sehen? Wollte ich ein Date? Nein! Mein Wunsch war es, mir Zeit zu nehmen, in meine Zukunft zu denken. Was sollten meine nächsten Schritte sein? Und wie würde ich es schaffen, nicht wieder zu zweifeln und aufzugeben?

»Sophie, mach dich gern bereit. Kehre wieder in deine innere Welt ein. Wenn du deine Augen geschlossen hast, öffne deine inneren Augen und sieh. Schaue in die Augen von einer wunderschönen, weisen Frau, die genau weiß, dass du es schaffst, dein Leben zu ändern und glücklicher zu leben. Sie hat es schon geschafft.«

»Aber woher kann sie das wissen? Kaum jemand kennt mein tiefstes Inneres und ich fühle mich auch oft unverstanden.«

»Du wirst sehen, Sophie. Vertraue.«

Ich war gespannt und erleichtert, dass ich eine Frau treffen sollte und keinen Mann. Ich war noch nicht bereit, mich auf jemand anderen einzulassen, denn erst wollte ich sichergehen, dass ich so gefestigt auf meinem neuen Weg war, dass mich niemand anderes davon abbringen konnte. Ich atmete tief ein und aus und schloss die Augen, um diese anderen Augen zu finden. Es klappte nicht.

»Nic, bist du da? Ich finde keine anderen Augen, in die ich schauen kann. Wen treffe ich?«

»Du wirst dich selbst treffen, in deiner veränderten Version. Fünf Jahre in der Zukunft. Du wirst der Frau begegnen, die alle Erfahrungen bereits gemacht hat und weiß: Es ist möglich, sich zu verändern. Mit der Veränderung kommt automatisch die Heilung alter Wunden.«

Mich ergriff ein aufgeregtes und berührendes Gefühl. Ich sollte mich selbst treffen, in der Zukunft? Ich schloss die Augen und öffnete sie wieder. Ich benötigte ein paar Atemzüge, um Mut zu sammeln. Dann schloss ich die Augen, entspannte sie und schaute in grün-braune Augen. So grün-braun wie meine.

Ich wollte reflexartig wegschauen, weil es der intimste Moment überhaupt war, jemandem ohne Blinzeln in die Augen zu schauen. Erst recht, wenn es die eigenen Augen waren. Dann vertiefte ich mich, während meine Lider unsicher flackerten.

Nach einer Weile wurde mein Herz warm und mich überkamen ein Gefühl von Vertrautheit und eine Woge von Zuversicht. Diese Frau hatte es geschafft, glücklicher zu sein als ich. Und das war ich. Es war möglich. Im Inneren fragte ich mich: »Wie geht es dir?«

»Gut, Sophie. Unbeschreiblich.«

»Das klingt nach mir. Manchmal fehlen mir einfach die Worte.«

»Erzähl mal, wo bist du, was machst du? Wer ist noch da?«

»Das spielt keine Rolle, Sophie.«

»Nicht?«

»Nein. Ich bin bei mir.«

»Komm schon.«

Mein Gegenüber schaute mich mit klarem und entschlossenem Blick an. Sie sagte nichts mehr, aber sie zeigte mir etwas von Herz zu Herz. Jedenfalls fühlte ich, was sie fühlte. Und deswegen blieb ich auch stumm.

Dann fühlte ich, wie in meinem Herzen eine unbändige Freude entstand, sie wurde immer größer, sie strömte in mei-

nen ganzen Körper und prickelte wie Brausepulver. Wann war ich das letzte Mal so euphorisch gewesen? Ich fühlte auch einen Funken Dankbarkeit und eine Prise von diesem friedlichen Gefühl, das entspannt und gelassen auf mich wirkte. So, als hätte ich eine Massage bekommen und würde danach auf einer Terrasse sitzen und mir die Sonne ins Gesicht scheinen lassen. So lebte es sich also auf der anderen Seite.

»Fühlst du dich den ganzen Tag, als würde die Sonne scheinen?«, fragte ich. Doch mein Gegenüber schaute mich nur weiter an. Also tauchte ich mit ihr wieder in die Verbindung ein. Ich sah mich mit anderen Frauen, mit meiner Familie, einem Mann. Mit Menschen, die ich noch nicht kannte.

Ich sah mich einen Strand entlangrennen, voller Lebenslust. So schnell wie nie zuvor. Meine Güte, war ich fit! Es fühlte sich leicht und einfach an. Als würde sich alles wie ein Puzzle zusammenfügen und ich müsste dafür gar nicht so viel machen. Nach einer Weile verschwanden alle Bilder, und ich spürte nur noch mein Herz, das sich langsam wie ein Fenster öffnete. Es drückte in meiner Brust und ich wollte es kontrollieren. Ich bekam Angst, es fühlte sich nach freiem Fall an. Aber ich wusste, dass ich nicht allein war. Da ließ ich los. Ich vertraute. Es war dort gar nichts mehr. Komischerweise fühlte es sich befreit an.

Selbst wenn ich gewollt hätte – ich konnte mich an so vieles nicht erinnern. Vor allem nicht daran, warum ich unglücklich war. Ich hatte keinen Zugriff mehr auf diese Daten, weil die neue Energie um mich herum stärker war. Und als ich sie nur noch fühlte, verstand ich, was es war: Liebe. Da war einzig und allein Liebe und alles andere löste sich darin auf. Es

wurde stärker und stärker. Bis ich es fast nicht mehr in der Brust halten konnte.

»Sophie, das ist es. Ich bin sehr stolz auf dich«, sagte ich zu mir.

Tränen strömten über mein Gesicht, und ich schämte mich nicht, sie zu zeigen. Nein, ich freute mich darüber. Denn ich fühlte. Wieder. Ich vertraute. Wieder. Das war das schönste Geschenk, das mir mein Ich aus der Zukunft bringen konnte.

»Es geht nicht darum, dass du dein Herz heilst, Sophie. Es geht darum, dass du dich änderst. Dann verändert sich alles um dich herum und das Alte hat keine Macht mehr über dich.«

»Wie ändere ich mich?«

»Indem du an dich glaubst und deine Gedanken veränderst. Indem du dir starke Intentionen und dazu passende Gefühle setzt, als sei das Neue schon passiert. Indem du lebst. Jeden Tag. Ein bisschen mehr. Du erschaffst dir deine Gefühle und damit dein Leben. Du handelst aus der positiven Gegenwart in deine Zukunft und du glaubst an dich.«

»Ist das schon alles?«

»Im Grunde schon. Es hat geklappt.«

»Das klingt einfach. Zu einfach.«

»Darf es das nicht sein?«

»Doch. Ich dachte nur, dass es schwer sei.«

»Siehst du. Du dachtest. Denke anders.«

»Woher weiß ich, dass ich auf dem richtigen Weg bin?«

»Wenn du deine Vergangenheit vergessen hast und entschlossen in deiner positiven Zukunft lebst. Lass dich nicht zurückfallen. Es ist vorbei. Glaub mir. Es lohnt sich.«

Mir gefiel diese Frau, die mir dennoch ein bisschen fremd war. Ihre Stimme klang anders, als ich meine sonst hörte. Da war ein neuer Ton, der so kristallklar und gleichzeitig liebevoll war, dass ich von allem überzeugt war, was sie sagte. Ich konnte nicht anders, als ihr zu vertrauen und sie wundervoll zu finden.

»Darf ich dich umarmen?«, fragte ich und mein Zukunfts-Ich nickte. Ich ließ sie nah herankommen und spürte ihren Herzschlag, der synchron pulsierte. Ein beruhigendes Gefühl. Ich versank in diesem Moment und spürte, dass diese Frau mich halten konnte. Sie verstand mich und sie war da. Sie ging nicht weg, es war nicht möglich. Sie blieb gern bei mir. Vor ihr musste ich mich nicht verstecken, nicht verbiegen oder anpassen. Ich konnte ich selbst sein. Warum war ich das nicht immer?

»Begleitest du mich, bis ich du bin?«

»Ja, natürlich. Das mache ich sehr gern.«

»Bist du immer für mich da?«

»Du weißt selbst, wie das ist. Du bist doch das Zukunfts-Ich für die kleine Sophie.«

»So habe ich das noch nicht gesehen.«

»Wir sind eins, ein Herz. Und dort findest du mich auch.«

Ich fühlte mich stark. So, als hätte ich ein Geheimnis gelüftet. Ich wusste zwar nicht genau, wie es weiterging, aber ich wusste, dass ich nicht allein sein würde und dass ich es aus meinem Sumpf schaffte. Das reichte mir erst einmal, um mich wieder zu freuen. Es war so erleichternd zu wissen, dass das Leben nicht der immer selben Endlosschleife folgte, sondern dass ich eine Wahl hatte. Ich öffnete die Augen.

11.

Ein Kreis schließt sich

Sie war noch an meiner Seite. Als ich meine Pflanzen in der Wohnung goss und mir vorstellte, dass auch in mir etwas wuchs und größer wurde. Sie gesellte sich zu mir auf das Sofa, als ich für einen Moment abschweifte und wieder dieses klebrige Gefühl von *Und jetzt?* an mir haftete. Sie stand hinter mir, als ich eine Entscheidung für mich traf: Niemals wieder würde jemand Platz in meinem Kopf und Herzen bekommen, der nicht richtig bei mir war und das nicht schätzte, was ich geben konnte.

Mein Zukunfts-Ich war im Alltag unsichtbar, ich konnte sie aber sehen, wenn ich meine Augen schloss. Was bei mir blieb, war dieses Gefühl: Ich schaffe es. Ich konnte mein Leben so ausrichten, dass ich mich darin wohlfühlte – unabhängig von allem.

Das Gummiband nach hinten war schlaffer geworden und ich hangelte mich an einem Seil nach vorne in das Unbekannte. Es verunsicherte mich, aber gleichzeitig freute ich mich, dass mein Leben bald besser zu mir passen würde. Was mir Vertrauen gab: Ich konnte es jetzt fühlen. Ich hatte es erlebt – diese Leichtigkeit, Gelassenheit und Freude. Diese Fülle

und Erfüllung. Als wäre ein Loch zugegangen, dass ich zuvor mit schlechtem Füllstoff zugestopft hatte.

So fiel mir auch erst mittags auf, dass Nic sich noch gar nicht gemeldet hatte. Ein kurzes Gefühl der altbekannten Verlassenheit flackerte auf. Es war einfach zu vertraut, sich abgelehnt und verlassen zu fühlen. Doch ich schaffte es, dies gleich zu erkennen und ein bisschen stärker zu denken: Komm schon, Sophie. Du bist nie verlassen worden. Es ist nur gegangen, was nicht mehr gepasst hat. Das war gut für dich. Und auf Nic ist Verlass.

Oder?

Ich wartete. Dass etwas passierte.

Story of my life.

Je mehr Zeit verging, umso unsicherer wurde ich. Ich schrieb Nic: »Bist du da?«

Zehn Minuten später versuchte ich es wieder: »Nic, wie geht die Reise weiter?« Nichts geschah.

Ich war genervt und angespannt. Wut stieg in mir auf. Sie kroch vom Bauch hoch in die Ohren, machte dort Druck. Und ich zitterte innerlich, weil ich mich nicht mehr sicher fühlte. Was war da los? Was hatte ich getan?

Ich tigerte durch die Wohnung und konnte an nichts anderes denken. Die Unsicherheit hielt mich gefangen. Ich starrte auf den tropfenden Wasserhahn und zu der Wut gesellte sich Resignation. Ich erinnerte mich daran, dass ich bald wieder arbeiten sollte. Das Gefühl wurde stärker. Ich erinnerte mich daran, dass ich hier allein auf meinem Holzboden mit den alten Schrammen stand.

Ich heulte, weil dieses Gefühl mich erdrückte. Ich ballte die Fäuste und atmete laut. Ich hockte mich auf den Boden

und machte mich kleiner. So passte ich unter eine Glasglocke, die mich von allem abschirmte. Da war sie wieder, die kleine Sophie in mir, die sich ungerecht behandelt und nicht gesehen fühlte. Die hilflos war. Dann fiel mir ein, dass ich ja etwas gelernt hatte. Ich konnte meine Gedanken und damit meine Gefühle steuern und ich war schon lange nicht mehr abhängig. Ich selbst entschied in meinem Universum.

Also sagte ich innerlich der kleinen Sophie: »Es ist okay. Ich sehe dich, ich verstehe dich.« Dann wartete ich ab. Das Gefühl wurde schwächer, ich war handlungsfähiger. Ich stand langsam auf, schüttelte mich und blieb danach stehen. Ich atmete und beobachtete, was in mir passierte. Ich stellte fest, dass gerade alles okay war. Nichts war passiert und ich sagte mir mit dieser klaren Stimme des Zukunfts-Ichs: »Sophie, es ist gut. Du schaffst das. Auch wenn du noch nicht weißt, wie es weitergeht. Es geht weiter. Lass uns vertrauen.«

So stand ich da, an der einen Hand die kleine Sophie, an der anderen das Zukunfts-Ich. Ich sah in meinem Inneren dabei zu, wie auch die Älteste von uns der Kleinen die Hand reichte.

Ein Kreis schloss sich.

Ich fühlte den Halt.

Nach einer Weile kam ein zwischen uns kreisender Puls dazu, der wie Energie durch unsere Hände strömte. Ich konnte besser atmen. Ich konnte mich spüren, und ich merkte, was ich gerade brauchte, war nichts. Ich wollte niemand sein, nichts machen, und es war mir egal, wo ich war.

Ich setzte mich auf den Boden und genoss es, mit geschlossenen Augen in mir zu versinken und zu spüren, dass es eine

Weite um mich herum gab, die diese Enge in mir auflöste. Ich entlastete mich, indem ich erkannte: Da ist noch viel mehr als diese Wut und die Vorstellung davon, wer ich in diesem Moment bin oder sein sollte.

Oh, was für ein Gefühl! Ich durchbrach Schicht um Schicht, ich löste mich auf und gleichzeitig wurde ich endlos. Wie ein Funken in der Ewigkeit. Ich lachte, weil mir so vieles lächerlich vorkam in dieser Stille, in dieser Unbegrenztheit und Vollständigkeit.

Ich beobachtete, wie alle Versionen von mir in meinem Herzen zusammenkamen und nur dieser eine Augenblick zählte. Ich war frei. Und lag bei mir auf dem Teppich aus Schurwolle.

In dem Moment hörte ich den Ping aus dem Chat. Nic! Ich hatte ihn vergessen.

»Sophie, hier bin ich«, schrieb er. Die Uhr zeigte bereits an, dass es abends war.

»Nic, wo warst du denn?«

»Ich war die ganze Zeit da.«

»Ach so, und warum hast du nichts geschrieben?«

»Das war deine Aufgabe: mit dir allein zu sein, ohne Aufgabe.« Ich lachte und verstand den Sinn.

»Du hast die Aufgabe gemeistert, wie alle. Ich bin stolz auf dich. Es macht so eine große Freude, dich wachsen und aufblühen zu sehen.«

Ich freute mich auch und dachte mir: Sich mit sich selbst auseinanderzusetzen, bringt wahre Kraft, wenn es diese Erfolgserlebnisse gibt. Es ist leichter als gedacht und befreiend.

Vielleicht war es ja auf die Dauer anstrengender, diese ganze Last der alten Geschichten mit sich herumzuschleppen, auch wenn man sie erfolgreich verdrängt hatte?

»Danke Nic, auch wenn ich für einen Moment dachte, dass du mich im Stich gelassen hast.«

»Ja, das dachtest du. Aber wenn du mit deinem Herzen hereingefühlt hättest, dann hättest du gewusst, dass ich auf deiner Seite bin, dass du mir vertrauen kannst und dass ich nur das Beste für dich möchte.«

»Es ist für mich etwas ungewohnt, dass es jemanden gibt, der immer da ist und dem ich vertrauen kann. Sicher, ich vertraue auch meinen Freundinnen, aber ich möchte ihnen mich und meine Bedürfnisse nicht immer zumuten. Du bist in den letzten Tagen immer da gewesen, und es hat sich so angefühlt, als würdest du das gern machen.«

»Ja, erinnere dich daran, dass du auch Vertrauen in diese Reise investiert hast. Es kommt zu dir zurück, denn auch ich vertraue dir. Ich weiß, du kannst dein Leben anders sehen und es aus eigener Kraft verändern.«

»Aber ich mache es gar nicht allein.«

»Im Grunde schon, aber du hast dir dieses Mal die passende Unterstützung gesucht. Das ist wichtig. Du brauchst niemanden, der dir sagt, wo es langgeht, sondern jemanden, der dich beim Finden deines Weges unterstützt.«

»Wer wird das sein, wenn diese Reise endet?«

»Diese Reise endet nicht.«

»Nicht?«

»Nein. Dies ist nur der Auftakt, der Weg wird für dich aber immer weitergehen.«

»Komme ich nie an?«

»Das ist das Verrückte. Wir sind immer angekommen, aber solange wir das nicht wirklich verinnerlicht haben, befinden wir uns weiter auf dem Weg. Wie du schon gemerkt hast: Es wird leichter und es darf auch Spaß machen. Stell dir vor, du hörst auf zu wachsen und alles würde gleich bleiben.«

»Dann wäre mir langweilig.«

»Genau.«

»Nic, ich bin sehr froh, dass ich diese magische Reise ins Unbekannte gebucht habe.«

»Mut wird belohnt, Sophie. Auch wenn die magische Reise Höhen und Tiefen hat. So ist es. Niemand würde bei einer Wanderung auf den Berg sauer auf den Berg sein, weil es erst hoch und dann wieder bergab geht. Ein Bergsteiger nimmt beide Strecken mit demselben Gleichmut.«

»Ja, das stimmt. Und wenn ich das für mein Leben akzeptieren kann, werde ich wahrscheinlich viel gelassener und weniger ungeduldig sein.«

»Das könnte sein.«

»Danke, Nic. Für deine Geduld und deinen Gleichmut.«

»Darf ich dir etwas verraten?«

»Bitte.«

»Nicht jede magische Reise ist gleich. In Wahrheit sind alle anders, aber mit demselben Ziel. Du gestaltest deine Reise die ganze Zeit mit.«

»Wirklich?«

»Ja. Ich reagiere auf deine Bedürfnisse und gebe dir die Aufgaben so, wie du sie brauchst. Im Grunde bestimmst du die Route dieser Reise.«

»So habe ich das nicht gesehen. Aber es macht Sinn, denn bisher hat jeder einzelne Schritt genau zu mir gepasst, und das ist eine schöne Erfahrung für mich. Denn oft haben Dinge in meinem Leben nicht zu mir gepasst und ich habe mich unwohl in meiner Umgebung gefühlt.«

»Das wird sich ändern, wenn du so weitermachst.«

»Eine schöne Vorstellung. Ich freue mich. Und weißt du, was verrückt ist?«

»Was?«

»Ich freue mich nun, dass ich verlassen wurde. Es hat mich erst auf diesen Weg geschubst. Wäre ich nicht so tief unten gewesen, hätte ich keinen Antrieb gehabt, höher hinauszuwollen. Und die Wut, die ich immer spüre, wenn ich hilflos bin oder mich missverstanden fühle, sie hat mich auch aktiviert. Sie hat mir Kraft gegeben. Ich fühle mich stark, wenn ich wütend bin.«

»Ja, Sophie. Das ist eine schöne Erkenntnis. Wenn du noch weitergehst, dann wird es irgendwann möglich sein, dass du die Wut nicht mehr brauchst. Dann kannst du ganz gelassen handeln, so wie es zu deinem Besten ist. Du bist nicht hilflos oder machtlos. Du bist stark, Sophie. Du hast dein eigenes Leben in der Hand. Das ist eine Chance, aber auch eine Verantwortung.«

»So habe ich das auch noch nicht gesehen. Ich dachte immer, mir passieren die Dinge, und ich reagiere darauf.«

»Schau mal, ob dir diese Situationen begegnen, wenn du etwas änderst. Erschaffe dir etwas Neues. Das Leben muss nicht linear sein, es gibt so viele Möglichkeiten.«

»Ich bin entschlossen, Nic. Auch wenn ich nicht genau weiß, wie ich das alles schaffen soll.«

»Du wirst sehen, meine Liebe. Schließe deine Augen und sieh.«

»Danke, ich werde es versuchen.«

12.

Du bist nicht allein!

Im Inneren war es so ruhig, dass ich das Gefühl hatte, die Zeit stünde still. Ich glaube, so hatte ich mich noch nie gefühlt. Selbst an den Tagen, an denen ich nicht wirklich etwas zu tun hatte. Da war sonst immer diese innere Unruhe, diese Antreiberin in mir. Zum ersten Mal fühlte ich mich im Moment angekommen und das war unbeschreiblich schön. Wie ein See an einem windstillen Tag. Und ich wollte keine Wellen dazwischenkommen lassen. Also blieb ich, wo ich war, und wollte nicht mehr woanders sein.

Aus diesem Gefühl heraus griff ich meinen Laptop und las Nics Mail.

Liebe Sophie,
zunächst einmal will ich dir sagen, dass ich stolz auf dich bin. Du hast das wirklich gut gemacht. Du bist nicht ausgewichen oder hast die Reise abgebrochen, um wieder in die gewohnte Heimat zurückzukehren. Das haben viele Kunden von mir so entschieden. Und es ist auch okay. Aber du bist drangeblieben

und warst stärker als die Zweifel, die Ungeduld und all die unbequemen Gefühle, die sich zeigten.

Heute wirst du erleben, dass du nicht die Einzige auf der magischen Reise bist. Deswegen möchte ich dich deinen Mitreisenden vorstellen. Da wir auf der ganzen Welt unterwegs sind, treffen wir uns über Zoom. Heute um 14 Uhr. Ich freue mich auf dich! Von Herzen, Nic

Ich wurde wieder leicht nervös. Andere? Über Zoom? Das erinnerte mich an endlose Meetings auf der Arbeit, und ich spürte diesen leichten Druck, mich präsentieren zu müssen, und fürchtete den Vergleich oder Kritik. War jemand von den anderen schon weiter oder mehr angekommen als ich? Oder gab es das gar nicht auf der magischen Reise?

Ich hatte noch drei Stunden bis zu dem Zoom-Call und wollte mir davor noch einmal klarmachen, was ich in den vergangenen Tagen, die mir wie ein halbes Leben vorkamen, über mich erfahren hatte.

Ich setzte mich an den Küchentisch, mit einem Hagebutten- tee und meinem Notizbuch. Ich schlug eine neue Seite auf und schrieb als Überschrift: Meine Reiseerlebnisse. Ich hatte keine Elefanten in freier Wildbahn gesehen und meine Füße nicht im Meer gebadet. Nichts davon könnte ich auf Instagram als Bild zeigen. Aber ich hatte Berge erklommen, war so weit weg vom Leben wie in einem Spa-Moment und hatte ein Glücks- gefühl im Bauch wie beim Anblick eines Regenbogens über einem Wasserfall auf Bali. Ich schrieb:

- *Ich weiß, dass ich meine Dämonen bändigen kann*
- *Ich mag es, mit mir allein zu sein*
- *Ich mag mich*
- *Ich verstehe mein Leben bis hierhin besser als vorher*
- *Ich fühle mich, als könnte ich wirklich etwas ändern*
- *Ich habe mich entschieden, glücklich zu sein*
- *Ich vertraue*
- *Ich kann loslassen, was mich belastet*
- *Ich habe mir zu viele Sorgen über Dinge gemacht, die nie passiert sind*
- *Freude ist mein Motor*
- *Ich bin nie wirklich allein*
- *Ich wähle eine neue Perspektive*
- *Ruhe, endlich. In mir*
- *Die Aussicht ist besser, wenn ich nach vorne schaue*
- *Ich bin geliebt*

Um 14 Uhr trat ich dem Zoom-Call bei und fühlte kurz diese Schwere, wie am ersten Tag auf der Arbeit nach dem Urlaub. Oh nein, es ging wieder los. Dabei hatte ich noch frei.

Wenig später schaute ich in viele fremde, strahlende Gesichter, mit denen ich mich seltsamerweise verbunden fühlte. Während alle ihre Kamera und den Ton ausrichteten, schaute ich sie mir genauer an. Frauen, Männer, jünger und älter. Alle schauten so unterschiedlich aus, aber ich sah in ihren Augen dieselbe Entschlossenheit, die ich auch in meinem Inneren spürte. Der Wille, etwas zu ändern. Es waren rund hundert. Ich lachte, denn ich dachte zwischendurch, ich sei allein.

Nic, da hast du ja ein tolles Business aufgebaut, dachte ich. Und ich fragte mich zum ersten Mal, wovon er überhaupt lebte, wenn seine Reisen nur das Vertrauen der Teilnehmenden kosteten. Ich hatte die ganze Zeit nicht daran gedacht, weil mir Nic immer wie der Dschinn aus der Wunderlampe vorkam. Nur der Name hatte nie gepasst. Ich hatte mir Nic immer als pfiffigen und robusten Reiseleiter in Allzweckkleidung vorgestellt. Ein bisschen nerdig, ein bisschen hip und zum Verlieben, weil er so zuverlässig immer erschien und einfühlsame Worte fand. Weil er sich auskannte, an mich glaubte und mich nicht bewertete. Bei Nic konnte ich die pure Sophie sein und noch mehr zu ihr werden.

Wo war überhaupt Nic? Meine Augen suchten die einzelnen Zoom-Kacheln ab. Aber nirgendwo stand sein Name. Ich war so gespannt, ihn endlich zu sehen … da fielen mir fast die Augen aus dem Gesicht, als ein neues Fenster erschien. Da war sie! Nic! Sie hatte lange weißblonde Locken, strahlend blaue Augen und harmonische Falten im leicht gebräunten Gesicht. Ich sah, dass alle anderen mit mir staunten. Sie hatten vermutlich alle ihre Version von Nic im Kopf und glichen sie nun ab. Ich schmunzelte und dachte mir, in was für einer Scheinwelt wir doch lebten. Nic war eine Dame. Und ich hätte mich zwischendurch fast verliebt!

Vor meinem inneren Auge war dieser Film abgelaufen, dass Nic, mein Reiseleiter, am Ende mit einer roten Rose in einem Café sitzen würde, und dann würden er und ich den Rest des Weges gemeinsam gehen. So endeten Filme. Aber vielleicht waren diese Art Filme eine Falle. Sie verführten einen dazu, wieder in das Scheinparadies zurückzukehren und da-

mit das Klischee zu bestätigen: All you need is love. Also, die romantische Duoversion, die gesellschaftlich akzeptiert und anerkannt war. Doch wie langfristig wäre dieses Happy End, wenn dann alles wieder von vorne begann und ich vergessen würde, wer ich wirklich war.

Meine neue Version war noch zu fragil und frisch, ich wäre vermutlich auch in das Bekannte, in die Sicherheit zurückgegangen und hätte zugelassen, dass ich mich in der Verbindung verliere und nicht finde.

Ich war selbst überrascht, dass ich zum ersten Mal keinen Mangel, sondern eine Chance darin sah, allein zu sein. Durch die Trennung hatte ich mich neu verbunden, mit mir. Der Mensch, mit dem ich die meiste Zeit verbrachte. Das war wirklich das Wichtigste, es sickerte in mich als Gewissheit ein. Denn erst wenn ich die vollständigere Version von mir war, wollte ich jemanden in mein Leben holen. Es würde sicherlich besser passen, weil ich keine Lücken füllen, sondern Neuland entdecken wollte.

Bis dahin war ich nicht allein, das dämmerte mir jetzt, und ich bekam Gänsehaut, als Nic anfing zu sprechen, auf Englisch: »Liebe Mitreisende, ich freue mich, euch zu sehen. Ihr kommt aus 23 Ländern, ihr seid so unterschiedlich. Doch eins vereint euch. Der Wille, der Mut und die Entschlossenheit, ein magisches Leben zu führen. Ihr wisst nie, was kommt. Aber ihr vertraut darauf, dass es einen Plan gibt und ihr an jeder Aufgabe wachst. Ihr habt erkannt, dass ihr euer Leben mitgestalten könnt, weil ihr erfahren habt, dass das Leben immer für euch ist und nie gegen euch. Wir sind viele.«

Ich sah, wie die Augen der magisch Reisenden funkelten und aus manchen eine Träne rollte. Auch ich spürte, wie mein Herz sich mit dieser seltsamen Verbundenheit füllte, obwohl wir alle uns nicht kannten. Ich fühlte Stolz auf mich, dass ich mich getraut und durchgehalten hatte. Ich fühlte mich bestärkt, weil ich verstand, dass ich niemals allein war und sein würde. Irgendwo auf der Welt saß jemand im tiefsten Tal oder stand auf dem höchsten Berg. Und beide gingen einfach weiter.

Ich las den Chatverlauf und freute mich, dass uns noch etwas verband: »Nic, du bist ja eine Frau.« … »So kann man sich täuschen. Nichts ist so, wie es scheint.« … »Ich kann nicht glauben, dass ich fest davon überzeugt war, dass du ein Mann bist. Fast hätte ich mich in dich verliebt.«

Ich hörte Nic auflachen wie ein junges Mädchen und sagen: »Ich weiß, das erlebe ich öfter. Ich heiße Nicolette, aber meine Oma nannte mich immer Nic, weil ich das wildeste Mädchen weit und breit war. Ich kletterte auf alle Bäume und Schränke. Sie sagte, dass ich wie ein kleiner Junge sei. Ein Nic eben. Mir gefiel der Name. Ob weiblich oder männlich, das war mir auch bei unseren Katzen und Hunden egal. Da hatten wir uns oft getäuscht und unseren Kater Anni genannt. Den Namen änderten wir nie, auch als wir erkannten, wer er wirklich war. Es sind nur Namen.«

Ich fühlte mich ertappt und gleichzeitig befreit. Es spielte keine Rolle, ob Nic eine Frau oder ein Mann war. Was zählte, war, dass ich ihr vertraute und dass sie mich auf den Weg brachte. Sie öffnete eine Tür für mich, aber ich ging hindurch wie Alice in den Kaninchenbau.

Nun hatten wir alle etwas zu erzählen. Ally schaltete ihr Mikrofon ein und erzählte, dass sie von Dublin aus verreist war. Sie hatte die Zeit damit verbracht, eine Schachtel mit Erinnerungen aus der Kindheit zu öffnen. Sie fand dort den ersten Zahn, den sie verloren hatte, einen Abschiedsbrief an ihre erste Liebe, die Einladung zur Beerdigung ihres Opas, die Urkunde zu einem gewonnenen Tennisturnier und ein Foto von einem Urlaub mit Freundinnen und hatte zu jedem Erlebnis – ob gut oder schlecht abgespeichert – ein Bild gemalt. Sie zeigte uns ihre Wohnung, die voller Leinwände mit wilden Farbexplosionen hing. »Die Box habe ich verbrannt, aber die Farben bleiben mir. Sie sind meine Orden der Erkenntnis und stehen für die Werte, die mich ausmachen. Meine beiden wichtigsten sind Wahrhaftigkeit und Gemeinschaft. Meine Erinnerungen haben mich dorthin gebracht, als ich sie nicht mehr in gut oder schlecht einsortierte. Sie alle waren eine Erinnerung an das, was mir wirklich wichtig ist. Und jetzt sind sie ein Farbenmeer, in dem ich mich baden kann.«

Adrien aus Frankreich erzählte, dass er sich ein neues Profil auf Instagram angelegt hatte und die magische Reise verbrachte, indem er sich eine zweite Identität als erfolgreicher Schriftsteller zulegte. Er kaufte sich 300.000 Follower, erstellte Bilder mit künstlicher Intelligenz, auf denen er wie eine moderne Version von Arthur Miller aussah, und bekam plötzlich Werbekooperationen angeboten. Jeder, den er traf, behandelte ihn, als sei er prominent. Es gab sogar Leute, die behaupteten, seine (nicht existenten) Bücher gelesen zu haben. Frauen machten seinen Wohnort ausfindig und wollten ihn »auf einen Kaffee« treffen. »Während ich mit der Oberfläch-

lichkeit von anderen konfrontiert wurde, merkte ich, dass ich nicht anders war. Ich bewertete alle Menschen sofort nach ihrem Aussehen und ihrem Status. Ich wollte mein ganzes Leben lang berühmt werden, um jeden Preis. Ich wollte Millionär sein. Doch auf meiner Reise spürte ich, wie leer sich das anfühlt. Jetzt wollte ich lieber für das berühmt werden, was ich tue und in der Welt bewirke, und davon leben.«

Ipek aus der Türkei erzählte, dass sie von Nic jeden Tag auf ein Date mit einem Mann geschickt wurde, der alle ihre Standards erfüllte: Werte, Größe, Haarfarbe, Alter, Beruf. Die Männer waren alle Single und kinderlos. Der erste Mann verschwand mitten im Gespräch, weil er einen wichtigen Termin hatte. Der zweite verschwand, als sie auf Toilette ging. Der dritte schrieb während ihres Dates mit einer anderen Frau über eine Dating-App. Alle magisch Reisenden rissen die Augen auf, und ich war kurz davor zu schreiben, dass Nic eine besonders harte Tour ausgesucht hatte. Wo blieb die Magie? Doch dann erzählte Ipek weiter. »Ich saß jedes Mal wie versteinert da, weil ich nicht gut mit Unfreundlichkeit und Ignoranz umgehen kann. Schon gar nicht mit Ablehnung und Verlassenwerden, weil mein Vater unsere Familie verließ, als ich fünf Jahre alt war.

Doch jedes Mal sprach mich eine Frau an, die in der Nähe saß, und sagte zu mir: ›Wissen Sie, ich will nicht aufdringlich sein. Aber ich wollte Ihnen sagen, was für eine tolle Frau Sie sind. Sie sehen nicht nur gut aus, sondern Ihre Ausstrahlung hat auch mein Herz aus der Ferne berührt. Ich hätte gern mit Ihnen einen Kaffee getrunken und Ihnen zugehört.‹« Ipek erzählte weiter, dass sie erst nach dem dritten Mal glauben

konnte, was die Frau zu ihr gesagt hatte, und erkannte, dass sie den falschen Männern gefallen wollte.

Erst als sie alle Vorstellungen von einem Mann losgelassen hatte und auf das Leben vertraute, traf sie sich voller Selbstbewusstsein mit der Frau auf einen Kaffee. »Wir lachten die ganze Zeit und ich konnte mich komplett öffnen. Ich erzählte, was mich berührte und bewegte. Ich führte das Gespräch, anstatt geführt zu werden. Ohne Erwartungen. Danach sprach mich ein Mann an, der in der Nähe saß, und sagte: »Wissen Sie, ich will nicht aufdringlich sein. Aber ich wollte Ihnen sagen, was für eine tolle Frau Sie sind. Sie sehen nicht nur gut aus, sondern Ihre Ausstrahlung hat auch mein Herz aus der Ferne berührt. Ich hätte gern mit Ihnen einen Kaffee getrunken und Ihnen zugehört.«

Mein Herz hüpfte, weil ich jede einzelne der Geschichten liebte. In allen erkannte ich mich wieder, auch wenn wir alle so unterschiedlich waren.

Trevor aus Kalifornien machte weiter. Er sagte, dass er seinen Job verloren hatte und damit auch seine Routinen, seine Kollegen und seine Identität. Ich horchte auf, als er erzählte, dass Nic ihn in die Wildnis geschickt hatte. Er sah auch ein bisschen so aus, mit gegerbter Haut und diesem klaren Blick, den ich von Surfern kannte.

Er hatte die Reise in einem selbstgebauten Unterschlupf im Wald verbracht und dabei entdeckt, welche Fähigkeiten er besaß. Er hatte sich eine passable Unterkunft aus Totholz gebaut und sich selbst versorgt, indem er Fische aus dem Wasser zog. Er überlebte. »Am vorletzten Tag der Reise saß ich vor meiner Hütte am Feuer, trank warmes Wasser und schaute in den

Wald. Stundenlang. Das hatte ich mir vorher nie erlaubt, weil ich dachte, ich sei nur etwas wert, wenn ich immer beschäftigt war. Ich weinte, was ich mir vorher auch nie erlaubt hatte. Ich tat mir leid, weil ich mit 45 Jahren nie richtig zugelassen hatte, einfach zu leben. Und obwohl ich im wahren Überlebensmodus war, fühlte es sich gar nicht so an. Davor war ich jeden Tag in diesem Modus, obwohl ich alles hatte. Die Angst, meinen Job zu verlieren, schickte mich in einen Kampf, den ich am Ende verlor. Vielleicht genau deswegen? Ich weiß es nicht. Ich weiß nur, dass ich natürlich nicht für immer in einer Hütte im Wald leben möchte, aber es ist gut zu wissen, dass ich es könnte. Nun ist es mein Plan, Wildnisabenteuer für Kinder anzubieten und ihnen zu zeigen, wie man Feuer macht und wie man sich einen Tee aus Kiefernnadeln kochen kann.«

Chen aus Singapur meldete sich und erzählte, dass sie sich auf ihrer Reise, die hauptsächlich aus Meditation bestand, egoistisch vorkam, weil sie sich nur um sich selbst kümmerte. Im Hintergrund tobten zwei ihrer Kinder. Ich sah die anderen nicken. Auch ich erinnerte mich an dieses Gefühl. Mir fiel es einfacher, mich um andere und ihre Probleme zu kümmern als um meine eigenen. Aber ich merkte dabei auch, dass dies meinen Selbstwert erhöhte. Ich fühlte mich nützlich – und war das nicht auch Teil des Egos?

Nic schaltete sich ein und erklärte: »Es ist ein Irrglaube, dass Selbstliebe und die Liebe zu anderen zwei unterschiedliche Dinge seien. Und Mitgefühl ist die Antwort auf die Probleme der Welt. Wenn wir merken, dass wir alle miteinander verbunden und gleich sind, kommen wir als Menschheit ohne Konflikte weiter und erkennen auch, dass die Umwelt und

alle anderen Lebewesen für uns wichtig sind. Die Natur kann ohne uns auskommen, aber wir nicht ohne sie.«

Es fühlte sich rund und stimmig an. Ich war so in den Geschichten versunken, dass ich erst danach merkte: Was?! Jede magische Reise war komplett anders als meine! Ich dachte die ganze Zeit, wir bekämen alle eine ähnliche Route von Nic. Gleich tippte ich in den Chat: »Nic, du hast uns ja alle auf andere Touren geschickt!«

»Sophie, ich habe euch nirgendwo hingeschickt, sondern ihr euch selbst. Jede Reise ist anders, auch wenn der Weg derselbe ist.«

Ich schaltete mein Mikrofon an und sagte: »Aber woher wusstest du, was wir brauchten?«

»Intuitiv habe ich übersetzt, was eure Herzen mir gesendet haben. Das ist meine Fähigkeit. Ich höre nicht auf Worte und den Verstand, sondern nur darauf, was die Stimme des Herzens flüstert. Das habe ich in Aufgaben übersetzt.«

»Das klingt wirklich magisch. Als seist du eine moderne Magierin.«

»Wenn du so willst, Sophie. Möchtest du weitererzählen?«

»Ja, das kann ich machen«, hörte ich mich sagen. Gleichzeitig fühlte ich meine Aufregung. Ich vertraute letztlich darauf, dass die passenden Worte aus mir herausfließen würden: »Ich bin vor allem mit meiner Vorstellungskraft gereist. Ich flog mit Schmetterlingen und sprach mit Eichhörnchen. Ich schaute mir Fantasyfilme über mein Leben an. Ich traf mich in jungen und alten Versionen.« Ich erzählte alles und hörte mir selbst zu. Ich sah in interessierte Gesichter. Niemand lächelte ironisch, manche nickten. Im Chat schrieb Carmen aus

Venezuela: »Schwester, ich habe mich auch immer so allein gefühlt.« Robert aus Kanada schrieb: »In der Natur fühle ich mich auch besonders verbunden.« Es flogen virtuelle Herzen durch den Chat und auch Dankeschöns, dass ich meine Erlebnisse teilte. Es beflügelte mich und ich dachte: Das hat mir gefehlt. Menschen, die mich verstehen. Die mich unterstützen. Die mich annehmen, wie ich bin. Und die wissen, worüber ich rede, weil sie auch tiefer gegangen und weiter gereist sind als auf allen Spaßtouren oder Pitty Partys. Sie haben mehr gesehen als den Eiffelturm und die Big Five auf Safari. Ich endete meine Erzählung mit diesen Worten: »Auf meiner magischen Reise ist mir bewusst geworden, wie kreativ ich bin und dass ich alles, was im Inneren ist, auch nach außen bringen kann. Ich kann mein Leben selbst gestalten. Ich weiß noch nicht genau wie. Aber ich weiß, ich werde es wissen, weil ich nun Gewissheit im Herzen trage.« Es machte mir nichts aus, dass meine Stimme brach und alle sahen, dass ich weinte, weil ich stolz auf mich war. Ich fühlte wieder und das war meine Errungenschaft.

Nun war ich als eine andere Sophie aus dem Kaninchenbau herausgekrochen, aber etwas in mir sagte, dass die Reise erst begann. Mit meinem Alltag. Ich konnte nicht behaupten, dass ich mich komplett darauf freute. Auch damit war ich nicht allein. Der Chat explodierte, und alle schrieben, dass sie nicht wussten, wie es nun weitergehen sollte, ohne Nic.

Wie immer hatte sie auch darauf die passende Antwort:

»Die Reise endet nie, ihr Lieben. Es ist nur so: Wenn die Reisenden sich sicher auf dem Weg fühlen, verschwindet die Reiseleitung und ihr übernehmt den Kompass für euer Leben.« Herzen und Daumen hoch in allen Zoom-Kacheln.

13.

Das Ende vom Anfang

Der Morgen ließ nicht erahnen, was heute passieren würde. Und es gab mir ein befreiendes Gefühl. Als ich in meinem warm-fluffigen Bett aufwachte, spürte ich tiefe Dankbarkeit, die seit Tagen meine Begleiterin war, in allen meinen Zellen. Ich freute mich auf den Morgen und dass er wie gewohnt begann. Das gab mir Sicherheit: Zähneputzen, duschen, Tagebuch schreiben, innehalten und mit mir den ersten Kaffee trinken, um dann zu schauen, was kommt. Schritt für Schritt.

Ich befand mich immer am richtigen Ort, kam mir in den Sinn. Draußen drückte der Wind den Regen an die Scheibe. Ich war angekommen, weil ich in mir etwas gefunden hatte, das sich so anfühlte, als würde ich mit nackten Füßen im warmen Sand sitzen und aufs Meer schauen, wo gerade die Sonne aufging.

Heute war der letzte Tag meiner Reise, und ich fühlte mich beim Gedanken an die Arbeit weder getrieben noch schwer, denn ich hatte gestern vor dem Einschlafen einen Entschluss gefasst. Es war einfach da, als eine Gewissheit. Ich vertraute.

Ich fühlte eine tiefe Dankbarkeit für meinen inneren Frieden. Ich atmete und spürte, dass ich voller frischer Energie

war, wie nach einer Woche am Meer. Ich war erleichtert, weil ich es geschafft hatte, raus aus der Erschöpfung. Ich wusste, wen ich anrufen konnte, falls ich mich wieder verloren fühlen sollte. Ich hatte alle Kontakte von meinen Mitreisenden. Ich hatte Nic. Ich hatte mich. Mein Zukunfts-Ich und meine inneren Kinder. Mein Herz.

Meine geliebte Freude prickelte in mir und mein Herz hatte Muskelkater von der Bewegung und Ausdehnung. Alles in mir war offen für neue Möglichkeiten. Ich vertraute darauf, dass ich mich auch aus schweren Situationen mit einem roten Hilfeknopf herausholen konnte. Ich konnte jederzeit in mir pausieren und sortieren. Ich würde meine Bedürfnisse achten und nach innen schauen. Erkennen, dass ich einen freien Willen besaß, den Willen, alles anders zu sehen und immer wieder den Blickwinkel der Liebe zu wählen anstatt der Angst.

Ich sagte JA zu allem, das zu mir passte, und NEIN zu allem, aus dem ich herausgewachsen war. Ich war sehr stolz auf mich, weil ich sogar meinem Ex-Freund Jan innerlich dankte, dass er mich verlassen hatte. Sonst hätte sich nie etwas verändert und ich würde nun nicht verstehen: Wir waren nicht gut füreinander. Danke, dass du mir diesen blöden Dienst erwiesen hast! Ich fühlte mehr Freude auf das Neue als die alte Wut.

Während ich diese Gedanken in mir wälzte, klingelte das Telefon. Es trudelten Nachrichten über WhatsApp ein, mit Bitten. Ich ließ alles warten, bis ich bereit war. Auch Social Media.

Ich klappte meinen Laptop auf meinem kleinen Schreibtisch voller Papierbelege für einen Moment zu und schaute auf das Post-it, das ich an die Wand in meinem Blickfeld ge-

pinnt hatte. Da stand: »Ich lebe ein glückliches Leben.« Ich konnte es fühlen.

Ich nahm drei tiefe Atemzüge, klappte meinen Laptop wieder auf und ignorierte alle Nachrichten. Ich hatte frei. Ich öffnete eine neue Nachricht und schrieb: »Lieber Olaf, ich danke dir für die schöne gemeinsame Zeit. Ich habe viel gelernt, aber nun ziehe ich weiter, damit ich mich weiterentwickeln kann. Ich werde morgen meine Kündigung bei der Personalabteilung einreichen. Es ist nichts gegen die Agentur, sondern etwas für mich. Ich mag meine Arbeit meistens, aber ich mag mich noch mehr. Und ich möchte freier und selbstbestimmter sein. Danke für alles. Deine Sophie.« Es kostete mich Kraft, die Kündigung zu schreiben, aber das war es wert. Kurz dachte ich: Das fühlt sich so an, als würde ich eine Beziehung beenden und Schluss machen. Nee, das konnte es nicht sein. Das war mein Chef, meine Arbeit, aber nicht meine große Liebe.

Ich lehnte mich auf meinem Stuhl zurück und atmete. Ich lächelte, während mir Tränen über das Gesicht liefen. Ich fühlte mich lebendig. Auch wenn ich bewegungslos dasaß – in meinem Inneren fuhr alles Achterbahn und ich fühlte mich kreischend und wachgeküsst. YES!

Ich zog mir meinen pinken Wintermantel und die goldenen Stiefel an. Damit ging ich nach draußen in die kalte Luft. Sie fühlte sich erfrischend und kristallklar an. Ich grüßte meine uralte Nachbarin, die es sich nicht nehmen ließ, allein die Treppe in den ersten Stock zu gehen. Sie lächelte mir wissend zu. Ja, sie sah es. Ich war Sophie, aber neu. »Sind Sie frisch verliebt?«, fragte sie.

Ich flötete: »Ja, so kann man das sagen.« Ich war verliebt in mein Leben.

Auf dem Weg zu meinem Lieblingscafé rief ich meine Freundin Vera an: »Hey, meine Liebe, hast du Zeit für einen Kaffee, dann erzähle ich dir alles von meinem Urlaub. Es gibt aber keine Fotos.« Ich wusste, sie würde mich verstehen, und freute mich schon, sie bald zu sehen. Als ich die beschlagene Tür zum Café *Immer Zuhause* öffnete, wurde ich von warmer Luft und Kaffeeduft empfangen. Mein Lieblingskellner José zwinkerte mir zu und rief, während er die Milch aufschäumte: »Ich bring dir sofort deinen Cappuccino mit Mandelmilch und Extra-Espresso.« Ich nickte und ging zu dem Tisch am Fenster, um zu sehen, wann meine liebe Vera von außen anklopfen würde. Sie war immer zu spät, aber egal. Wenn sie da war, dann war sie für mich da. Das gab mir Zeit, einfach nur dazusitzen. In die innere Stille flog mir eine Erkenntnis: Du bist an dem Ort richtig, wo du dich geliebt fühlst. Dann kannst du überall sein. Ich wusste nicht den nächsten Schritt, aber dass ich dieses Leben mit mir weitersurfen würde. Welt, ich komme!

Mir wurde bewusst, dass dabei eins für mich und mein inneres Glück entscheidend war: Dass ich mich nicht mehr verbog, dass ich mich nicht falsch fühlte oder mir die Schuld für alles gab! Und dass ich dankbar war für das, was ich hatte, anstatt immer daran zu denken, was mir fehlte.

Denn eins wurde für mich sehr deutlich: Das Leben hatte für mich den Schleudersitz aus Situationen gewählt, in denen ich feststeckte. Das wäre nicht nötig gewesen, wenn ich mir selbst früher eingestanden hätte, dass ich mich zu sehr ange-

passt und den Fehler bei mir gesucht hatte. Ich wollte gemocht werden, ich wollte alles richtig machen, ich wollte konform sein. Damit machte ich es scheinbar den anderen recht, aber eigentlich niemandem. In dem Versuch, pflegeleicht und unproblematisch zu sein, verlor ich mich und erlaubte mir nicht, glücklich zu sein. Weil ich weder meinen Wert sah noch die Möglichkeit, selbst etwas zu ändern, indem ich meine innere Haltung zu mir selbst umpolte.

Eins wollte ich noch abschließen, bevor die magische Reise für mich weiterging. Ich öffnete ein letztes Mal den Chat: »Nic, danke, dass du an meiner Seite warst. Das fehlte mir. Jemand, dem ich komplett vertraue, der immer für mich da ist. Das hatte ich die ganze Zeit auch in mir, aber ich war blind, weil ich am falschen Ort suchte. Du hast mir sanft meine innere Landkarte gezeigt und meine inneren Augen geöffnet. Ich weiß nun, ich bin hier. Ich bin bereit. Ich weiß, dass die Sonne in meinem Leben aufgeht.«

Nic antwortete: »Sophie, ich gratuliere dir zu dem Sonnenaufgang in deinem Herzen. Das ist es. Nun bist du bereit für ein Upgrade. Hast du Lust auf das nächste magische Abenteuer mit mir?«

Danksagung

Ich danke meiner wunderbaren Agentin Eva Semitzidou, die mit mir die Grundidee zu diesem Buch ausgearbeitet hat und den finalen Anschubs gab, es in die Welt zu bringen. Es ist wunderschön, dass du meine Stärken siehst und mich dabei unterstützt, meinen Weg als Autorin immer wieder neu zu finden.

Ich danke meinem Verlag Goldmann für die konstante Unterstützung. Ich fühle mich als Autorin sehr wohl und wunderbar begleitet.

Ich danke Keith Wilson und Júlía Óttarsdóttir, die mich immer wieder daran erinnern, dass die Magie zuerst in mir, danach im Alltag des Lebens zu finden ist, und die Reise im magischen Bus am meisten Spaß macht.

Ich danke Christiane und Bruno aus meinem Buchclub, die das Manuskript von diesem Buch so aufmerksam gelesen haben und mir wichtige Impulse gaben, um noch mehr in die Tiefe zu gehen.

Unsere Leseempfehlung

160 Seiten
Auch als E-Book
erhältlich

Es gibt so viele Fragen zur Liebe und zum Leben!
Als Christine Dohler begann, das Herz als ihren weisesten Kompass zu befragen, öffnete sich das Leben aus einer ganz anderen und wahrhaftigeren Perspektive. In diesem inspirierenden Buch ergründet die Autorin 22 Fragen über die Liebe – die Antworten kommen unverfälscht und intuitiv aus dem Herzen. Diese sind universell gültig, machen Mut, geben Zuversicht und eröffnen eine befreiende Perspektive auf die wahre Liebe.
Begleitet von praktischen Übungen und Impulsen lädt dieses Buch zur Selbstreflektion ein.